新能源汽车维修快速入门一本通

周晓飞 编著

电子工业出版社
Publishing House of Electronics Industry
北京·BEIJING

内 容 简 介

本书以电动汽车的电动化系统知识和维修技术为主，带领读者认识电动汽车，讲述电动汽车维修基本常识，以及对动力电池系统、充电系统、配电系统、驱动电机系统、空调和热管理系统、减速器、整车控制系统的认知与快修。全书共分9章，每章采取从基础构造原理到电动化控制，再到简易维修和快速诊断的渐进策略，图文结合，言简意赅，易学易懂，侧重于实际维修应用。

本书可作为汽车维修相关工作人员的学习用书，初学者尤其受益，同时可作为相关企业的培训用书和专业院校师生的参考用书。

未经许可，不得以任何方式复制或抄袭本书之部分或全部内容。
版权所有，侵权必究。

图书在版编目（CIP）数据

新能源汽车维修快速入门一本通 / 周晓飞编著. —北京：电子工业出版社，2023.10
ISBN 978-7-121-46472-0

Ⅰ.①新… Ⅱ.①周… Ⅲ.①新能源－汽车－车辆修理－图解 Ⅳ.① U469.707-64

中国国家版本馆 CIP 数据核字（2023）第 182156 号

责任编辑：管晓伟
文字编辑：杜　皎
印　　刷：天津千鹤文化传播有限公司
装　　订：天津千鹤文化传播有限公司
出版发行：电子工业出版社
　　　　　北京市海淀区万寿路 173 信箱　邮编：100036
开　　本：787×1092　1/16　印张：13.75　字数：352 千字
版　　次：2023 年 10 月第 1 版
印　　次：2023 年 10 月第 1 次印刷
定　　价：100.00 元

凡所购买电子工业出版社图书有缺损问题，请向购买书店调换。若书店售缺，请与本社发行部联系，联系及邮购电话：(010) 88254888，88258888。
质量投诉请发邮件至 zlts@phei.com.cn，盗版侵权举报请发邮件至 dbqq@phei.com.cn。
本书咨询联系方式：(010) 88254460，guanxw@phei.com.cn。

FOREWORD

前言

  电动汽车市场活跃，在电动汽车保有量逐年上升的同时，也必将给汽车维修工带来前所未有的技术挑战，"充电"必然成为汽车维修工的一种常态。

  本书以电动汽车的电动化系统知识和维修技术为主，带领读者认识电动汽车，讲述电动汽车维修基本常识，以及对动力电池系统、充电系统、配电系统、驱动电机系统、空调和热管理系统、减速器、整车控制系统的认知与快修。全书共分9章，每章采取从基础构造原理到电动化控制，再到简易维修和快速诊断的渐进策略，图文结合，言简意赅，易学易懂，侧重于实际维修应用。

  本书可作为汽车维修相关工作人员的学习用书，初学者尤其受益，同时可作为相关企业的培训用书和专业院校师生的参考用书。

  本书编著者参考了大量的技术图书、文献资料，以及原车维修手册，在此谨向为本书编著出版给予帮助的人们及相关文献的作者表示衷心的感谢！

  由于水平有限，书中难免有不妥或错漏之处，敬请广大读者批评指正。

编著者

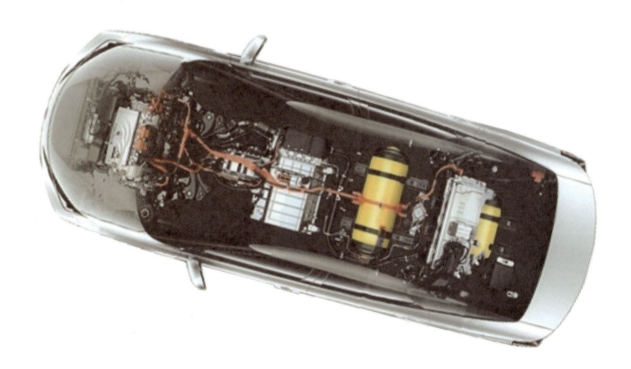

CONTENTS　　　　　　　　　目　　录

第 1 章　电动汽车维修基本常识 / 1

1.1　电的常识 / 1
 1.1.1　电流 / 1
 1.1.2　电压 / 2
 1.1.3　电阻 / 2
 1.1.4　电压和电流强度 / 3

1.2　安全作业 / 3
 1.2.1　安全警示识别 / 3
 1.2.2　维修安全操作 / 5

第 2 章　认识电动汽车 / 8

2.1　混合动力汽车 / 8
 2.1.1　混合动力汽车总体结构 / 8
 2.1.2　混合动力汽车类型 / 9
 2.1.3　插电式混合动力汽车 / 9

2.2　纯电动汽车 / 10
 2.2.1　基本结构原理 / 10
 2.2.2　主要部件 / 11

第 3 章　动力电池系统认知与快修 / 12

3.1　原电池 / 12
3.2　蓄电池 / 13
 3.2.1　蓄电池相关术语 / 13
 3.2.2　蓄电池类型 / 15

3.3　动力电池结构 / 18
 3.3.1　常见动力电池类型 / 18
 3.3.2　动力电池性能指标 / 18

3.3.3　动力电池总体结构部件 / 21
3.3.4　动力电池冷却系统 / 32

3.4　动力电池系统维修 / 37
 3.4.1　高压互锁维修 / 37
 3.4.2　维修开关 / 42
 3.4.3　电池管理系统维修 / 43

3.5　动力电池拆装操作 / 52
 3.5.1　拆卸维修开关 / 52
 3.5.2　保养和拆装动力电池 / 53
 3.5.3　动力电池系统冷却液排空和加注 / 57

第 4 章　充电系统认知与快修 / 59

4.1　充电系统认知 / 59
 4.1.1　充电插口及外接设备 / 61
 4.1.2　车载充电机 / 65
 4.1.3　高压线束 / 68

4.2　充电系统控制 / 72
 4.2.1　纯电动汽车电源 / 72
 4.2.2　混合动力汽车电源 / 72
 4.2.3　直流充电 / 73
 4.2.4　交流充电 / 74
 4.2.5　内部充电 / 77
 4.2.6　智能充电 / 79
 4.2.7　能量回收 / 79

4.3　充电系统故障诊断 / 81

4.4 充电系统维修与操作 / 85

 4.4.1 冷却管路拆卸 / 85

 4.4.2 拆卸高压线束连接器 / 86

 4.4.3 拆卸直流充电线束 / 86

 4.4.4 拆卸车载电源高压线束 / 87

第 5 章 配电系统认知与快修 / 89

5.1 配电系统认知 / 89

 5.1.1 高压配电系统组成 / 89

 5.1.2 高压配电箱 / 90

5.2 配电系统控制 / 96

 5.2.1 回路保护 / 96

 5.2.2 电力分配 / 96

5.3 高压配电系统故障诊断 / 98

5.4 高压配电系统维修与操作 / 101

第 6 章 驱动电机系统认知与快修 / 103

6.1 驱动电机系统认知 / 103

 6.1.1 驱动电机类型 / 103

 6.1.2 驱动电机结构 / 104

 6.1.3 电机控制器 / 114

 6.1.4 驱动单元 / 116

6.2 驱动电机系统控制与诊断 / 120

 6.2.1 驱动电机扭矩的建立 / 120

 6.2.2 驱动时的控制 / 121

 6.2.3 发电时的控制 / 121

6.3 电机控制器故障诊断 / 122

 6.3.1 电机控制器诊断原则 / 122

 6.3.2 电机控制系统故障 / 122

6.4 驱动电机系统维修与操作 / 127

 6.4.1 拆装驱动电机线束插接器 / 127

 6.4.2 拆装前驱动电机 / 129

第 7 章 空调和热管理系统认知与快修 / 132

7.1 电动压缩机认知 / 132

 7.1.1 电动压缩机结构 / 132

 7.1.2 电动压缩机运行机理 / 133

 7.1.3 电动压缩机电气系统 / 134

7.2 高压加热器认知 / 136

 7.2.1 高压加热器布局 / 136

 7.2.2 高压加热器电气结构 / 137

7.3 热泵阀门单元认知 / 138

 7.3.1 热泵阀门单元布局 / 138

 7.3.2 热泵阀门结构 / 141

7.4 热交换器认知 / 143

 7.4.1 热交换器布局 / 143

 7.4.2 压力和温度传感器 / 144

7.5 热管理系统控制 / 145

 7.5.1 整车热管理系统组成 / 145

 7.5.2 驱动电机冷却系统 / 147

 7.5.3 动力电池温度控制系统 / 148

 7.5.4 水泵控制 / 152

7.6 空调维修和操作 / 152

 7.6.1 拆装电动水泵 / 152

 7.6.2 拆装电动压缩机 / 154

 7.6.3 空调控制系统故障 / 156

第 8 章 减速器认知与快修 / 162

8.1 减速器认知 / 162
8.1.1 减速器在车上布局 / 162
8.1.2 减速器结构 / 165

8.2 减速器电气控制 / 171
8.2.1 减速器控制过程 / 171
8.2.2 减速器控制原理 / 172

8.3 换挡电机故障 / 173
8.3.1 减速器换挡条件 / 173
8.3.2 换挡电机故障检测 / 173

8.4 减速器维修与操作 / 177
8.4.1 分解减速器 / 177
8.4.2 装配减速器 / 178

第 9 章 整车控制系统认知与快修 / 180

9.1 整车控制系统认知 / 180
9.1.1 整车控制器 / 180
9.1.2 整车控制系统主要部件 / 180
9.1.3 整车控制器维修电路 / 181

9.2 整车控制系统控制 / 185
9.2.1 整车控制器硬件要求 / 185
9.2.2 整车控制系统控制策略 / 185

9.3 整车控制系统故障诊断 / 193
9.3.1 整车控制器故障处理策略 / 193
9.3.2 整车控制系统故障 / 193
9.3.3 检查加速踏板电气故障 / 202
9.3.4 检查制动踏板电气故障 / 206

9.4 整车控制系统维修与操作 / 208
9.4.1 拆装整车控制器 / 208
9.4.2 拆卸加速踏板 / 209

参考文献 / 211

第1章 电动汽车维修基本常识

1.1 电的常识

1.1.1 电流

单位时间内通过导体横截面的电量称为电流,其测量单位为安培(A)。

如果将蓄电池的两侧连接,以允许电子流动,我们就必须使用包含原子的物质,它将允许电子通过。符合这种描述的物质称为导体,如汽车上的线束(导线)。

如图1-1所示,导线使蓄电池两侧之间的电子连续自由地流动。正极和负极之间的连接称为电气电路。

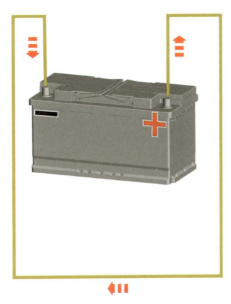

图1-1 电流方向

1.1.2 电压

电压的大小是影响蓄电池能够释放多少能量的因素之一,电压越大,释放的能量就越大。电压又名电势差,其测量单位是伏特(V)。

在充电状态下,高压侧比低压侧具有更高电势,因为它有释放能量的潜力。电压的方向为高电位指向低电位,如图1-2所示。

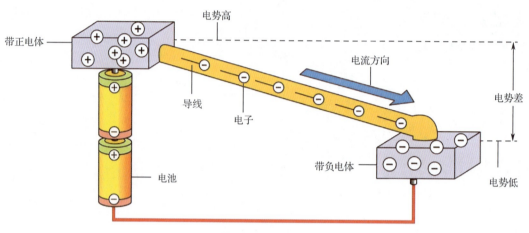

图1-2 电压示意图

1.1.3 电阻

导体对电流通过的阻碍作用,称为电阻。电阻的大小随材料的不同而有所变化,其测量单位为欧姆(Ω)。为了控制电路内的电子流动,有一种部件被用于阻挡或减慢电子流动,这样的部件称为电阻器(以下简称"电阻")。

如图1-3所示,电路内放置了一个电机,电机线圈有一个电阻,以便控制或调节电子的流动。电路中的导体涂有电阻非常高的材料,如橡胶或塑料,以防止电子从电路一侧泄漏到另一侧,造成短路。导体彼此绝缘,也就是没有物理连接。

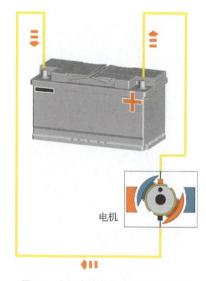

图1-3 电机中的电阻控制电子的流动

1.1.4 电压和电流强度

电压大于或等于 50 V 被视为危险电压。在电动汽车的高电压(简称"高压")系统中,其电压比常用的 12 V 车载网络电压高出 n 倍。

电压是产生电流的原因。电压不仅能在物体周围产生电场,而且能够在电路中产生电流。电压(U)越大,在电阻不变的情况下,电流(I)就越大。图 1-4 所示的基本电路,显示了电压、电流和电阻的关系。例如,$R = 1\ \text{k}\Omega$,则电流和电压的关系如表 1-1 所示。

表1-1 电流和电压的关系($R = 1\ \text{k}\Omega$)

电压(U)	电流(I)
12 V	12 mA
120 V	120 mA
360 V	360 mA

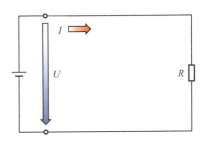

图1-4 基本电路

维修贴

如图 1-5 所示,电流流经人体的电阻为 1000 Ω。如果电动汽车的高压电电压为 350 V,那么人体触电电流为电压 ÷ 电阻 = 电流,350 V ÷ 1000 Ω = 350 mA。

最大电流 1 mA 的触电时间只需 1 s。如果电流通过时间超过 0.03 s,心室纤维性颤动,就可能致人死亡。

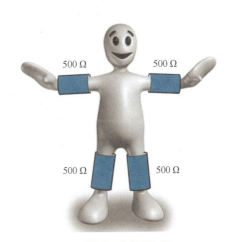

图1-5 人体的电阻

1.2 安全作业

1.2.1 安全警示识别

电动汽车高压部件上都有警示标志,如图 1-6 所示。电动汽车高压电部分连接线束为橙色,如图 1-7 ~ 图 1-9 所示。因为电动汽车的高压系统为几百伏的直流电压,触电非常危险,所以必须遵守作业要求。

图1-6　电动汽车高压部件警示标志

图1-7　高压线束（1）

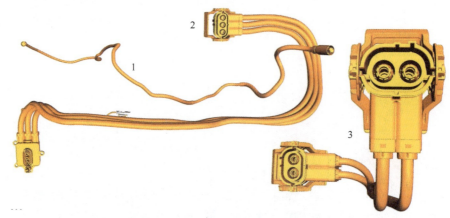

1—电动压缩机电缆；2—三相电缆；3—高压蓄电池电缆

图1-8　高压线束（2）

图1-9 高压线束（3）

1.2.2 维修安全操作

1. 安全工装

电动汽车上的用电设备分为低压用电设备与高压用电设备。低压用电设备包括仪表、音响、灯光、喇叭和鼓风机等；高压用电设备包括驱动电机、电机控制器、动力电池、高压配电箱、充电机、直流转换器、电动压缩机、电池换热器、水加热器等。高压部件上贴有橙色警告标志，维修人员必须注意警告标志上的内容要求，在操作时必须穿戴绝缘护具。

绝缘防护装备在使用前必须检查，保证其无破损、漏孔等，内外表面洁净、干燥，并且不能带水进行操作，确保安全。维修人员在操作前必须穿戴好绝缘级别为 5 kV 的绝缘防护服、绝缘级别为 10 kV 的绝缘胶鞋、绝缘级别为 10 kV 的绝缘帽、绝缘级别为 1 kV 的绝缘手套，以及防护眼镜。图 1-10 为防护装备要求示例。

绝缘手套要根据工作情况选择相应的防高压电的电工手套或防电池电解液酸碱腐蚀的手套，在使用前要检查手套是否破损。

图1-10 防护装备要求示例

2. 绝缘工具

绝缘工具在使用前必须检查，保证其无破损、破洞和裂纹，内外表面洁净、干燥，并且不能带水进行操作，确保安全。操作时，在维修区域垫上绝缘级别为 1 kV 的绝缘胶垫。维修人员对带电部件进行操作时，必须使用绝缘工具，包括类似图 1-11 所示的绝缘工具套装，以及兆欧表、放电工装、内阻测试仪、万用表、故障诊断仪等专业工具和设备，同时应该配备绝缘级别为 30 kV 的绝缘防护钩。检修动力电池和电控元件时，必须使用带绝缘垫的专业工作台。

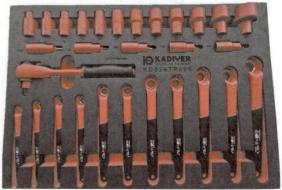

图1-11　绝缘工具套装

3. 安全维修工位

（1）维修场地需要设置高压警示标识，拉起高压警戒线，以警示相关人员，避免发生安全事故；同时配备专用维修工位接地线。在维修高压设备前，将车身用搭铁线连接到电动汽车专用维修工位的接地线上。

（2）安装专用的交流电路和电源插座。如果给电动汽车充电时没有使用专用线路，就可能影响线路上其他设备的正常工作。

（3）维修场地应通风良好，无易燃易爆物品，地面平整，场地开阔，同时必须配备适当型号的灭火器与其他消防设备。

新能源汽车维修工位如图 1-12 所示。

图1-12　新能源汽车维修工位

4. 高压断电

切断高压系统电源，首先要断开维修开关，按以下步骤操作。

（1）切断车辆电源，即将启动按钮置于OFF挡，等待数分钟。

（2）佩戴绝缘手套。

（3）拔下维修开关并将其存放在规定的地方，如图1-13所示。

（4）拔下维修开关需要等待数分钟，目的是待高压残余电量耗尽，确保安全无电。

图1-13　拔下维修开关

5. 遇险急救处理

如果遇事故，伤者失去知觉或不再呼吸，就需要采取急救措施。急救措施用于维持伤者生死攸关的身体机能，直至急救医护人员到达事故现场。

> **维修贴**
>
> 必须将失去知觉，但还能呼吸的事故伤者置于侧卧状态。如果伤者失去知觉且不再呼吸，就必须立即采取心肺复苏措施，如图1-14所示。心肺复苏措施包括交替按压胸腔和人工呼吸。心肺复苏措施必须持续下去，直至伤者恢复呼吸能力或急救医护人员到来。

a. 胸腔按压　　　　　　　　　b. 人工呼吸

图1-14　心肺复苏措施

第2章 认识电动汽车

2.1 混合动力汽车

2.1.1 混合动力汽车总体结构

"混合动力"这个概念有两个发展方向,其一是双燃料动力,其二是驱动混合动力,电动混合动力汽车属于后者。驱动混合动力技术是指将两种不同的动力装置组合在一起使用,且两种动力装置的工作原理是不同的。我们通常所讲的混合动力汽车是指将燃油发动机与电机组合在一起作为驱动系统的汽车。图2-1所示为插电式混合动力汽车(四驱)架构。

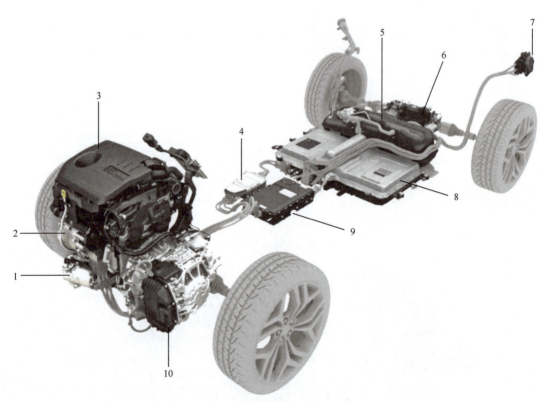

1- 电动压缩机;2-HV BISG;3- 发动机;4-HV BISG 逆变器;5- 燃油箱;
6- 电机驱动桥;7- 充电口;8- 动力电池;9- 高压接线盒;10- 变速器

图2-1 插电式混合动力汽车(四驱)架构

2.1.2 混合动力汽车类型

从混合动力汽车动力电动化的程度来讲，混合动力汽车有插电式混合动力汽车和增程式混合动力汽车两种，前者是目前被大力发展的电动汽车类型。

混合动力汽车分类方式有三种：一是根据有无外接充电电源区分；二是根据结构特点区分，分为串联式混合动力（即增程式）、并联式混合动力、混联式混合动力；三是根据混合度的不同分类，也就是根据电机功率大小来体现混合动力的强弱，即微（轻）混合动力车辆、部分混合动力车辆与完全混合动力车辆。

2.1.3 插电式混合动力汽车

插电式混合动力（PHEV）汽车，简单说就是介于电动汽车与燃油汽车两者之间的一种汽车，既有传统汽车的发动机、变速器、燃油箱，也有电动汽车的动力电池、电机和控制器，其主要特点是动力电池容量大，且有外插充电接口。插电式混合动力属于完全混合动力，既有并联也有串联，该类型车辆可以以纯电动方式行驶。图2-2所示为插电式混合动力汽车（前电机驱动）。

图2-2　插电式混合动力汽车（前电机驱动）

2.2 纯电动汽车

2.2.1 基本结构原理

与燃油汽车相比,纯电动汽车的结构主要增加了电力驱动控制系统,取消了发动机。当汽车行驶时,由蓄电池输出的电能(电流)通过控制器驱动电机运转,电机输出的扭矩经传动系统驱动车轮前进或后退。图2-3所示为电动化系统整车布局。

纯电动汽车的基本结构比较简单,主要由动力电池和电机组成。动力电池、电池变换器和电机之间是电气连接;电机、减速器和车轮之间是机械连接。

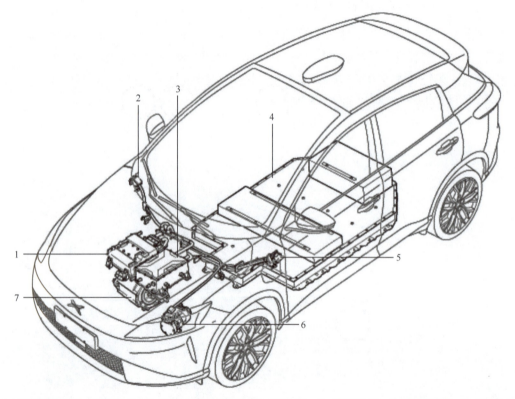

1-电机控制器;2-交流充电口;3-充电机/直流转换器;4-动力电池;5-直流充电口;6-电动压缩机;7-驱动电机

图2-3 电动化系统整车布局

图2-4所示为纯电动汽车基本结构原理。

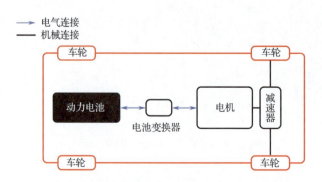

图2-4 纯电动汽车基本结构原理

2.2.2 主要部件

纯电动汽车的核心部件包括以动力电池为核心的电源系统、以驱动电机为核心的驱动电机系统和以电机控制器为核心的电控系统，以及其他辅助系统。纯电动汽车具体电动化部件如图2-5所示。

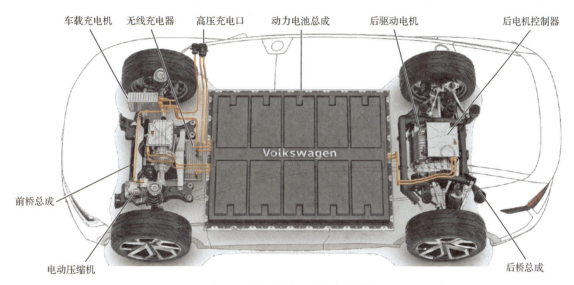

图2-5 纯电动汽车具体电动化部件

第3章 动力电池系统认知与快修

3.1 原电池

原电池是通过氧化还原反应产生电流的装置,或者说是把化学能转变成电能的装置。

1. 原电池结构

原电池的基本结构如图 3-1 所示。原电池基本由电解液、电池壳体和两个电极构成。此外,在电极之间还有一个离子可以通过而电子不能通过的绝缘隔板。在原电池内发生的化学反应导致一侧电极上的电子过剩而另一侧电极上的电子不足,这样就在两个电极之间产生电压。

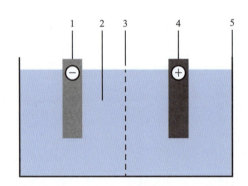

1-负极;2-电解液;3-绝缘隔板;4-正极;5-电池壳体

图3-1 原电池的基本结构

2. 原电池原理

电池放电时,其存储的化学能通过化学反应转换为电能。提供能量的化学反应和放电被隔开,但产生了相互连接的部分反应(电极反应)。与另一个电极相比,氧化还原电位较低时发生相应部分反应的电极为负极,另一个为正极。电池放电时,在负极处开始氧化过程,以释放电子;同时,在正极处通过还原过程,吸收相应数量的电子。

电流(电子流)通过一个外部用电器电路从负极流向正极。在电池内部,电极之间的电流通过离子进入可以传导离子的电解液（离子流），从而使电极上的离子和电子能够相互连接。

3. 原电池作用

原电池的用途是作为直流电压电源。原电池可以根据电极材质命名，如镍氢电池。原电池的电解液和电极材质会根据电池是否充电或放电而有所变化。制作电极使用的材料种类决定了电池的额定电压。

3.2 蓄电池

3.2.1 蓄电池相关术语

1. 蓄电池基本概念

蓄电池是将多个可作为能量来源使用的原电池互联起来的装置。不过，单独的原电池也常称为蓄电池。原电池可以将其存储的化学能直接转换为电能。

2. 蓄电池分类

蓄电池分为可再次充电和不可再次充电两种。可再次充电的蓄电池（充电型）放电时的反应可以逆转，这样蓄电池就能够始终充电和放电，因此化学能和电能可以反复进行转换。

如果所需电压比实际原电池的电压高，就可以将原电池串联。蓄电池的总电压与单个原电池的电压之和相同。例如，图 3-2 所示的总电压 $U_{ges}=U_1+U_2+U_3$。

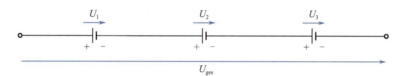

图3-2 原电池串联

将原电池并联，可以提高蓄电池的容量，蓄电池的电压则保持不变，如图 3-3 所示。

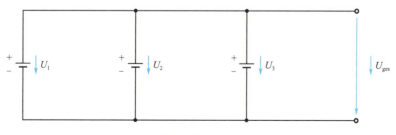

图3-3 原电池并联

3. 蓄电池容量

蓄电池容量就是在规定的放电条件下输出的电荷。安时（Ah）通常被用来表示蓄电池的容量。放电条件决定蓄电池的容量。放电电流加大时，蓄电池的容量就会随之下降。

4. 蓄电池功率

蓄电池功率等于放电电流与放电电压的乘积,单位为瓦特(W)。厂家通常会对蓄电池存储的能量大小进行说明,容量是蓄电池最为重要的参数之一。

5. 蓄电池的能量密度和功率密度

单位质量的物质中分布的能量大小称为能量密度,单位用 Wh/kg 表示。混合动力车辆所用蓄电池的能量密度决定了其可达里程。

单位质量的物质中包含的电功率称为蓄电池的功率密度,单位用 W/kg 表示。

图 3-4 显示了双层电容器与 4 种蓄电池的能量密度和功率密度。双层电容器的功率密度非常高,但与其他蓄能器(4 种蓄电池)相比,能量密度较低。也就是说,它只能在短时间内提供较高的功率。将镍镉蓄电池和镍氢蓄电池进行比较可以看出,两种蓄电池的功率密度几乎相同,但镍氢蓄电池的能量密度几乎是镍镉蓄电池的 2 倍。

> **维修贴**
>
> 当镍氢蓄电池与镍镉蓄电池存储的能量相同时,其重量仅相当于镍镉蓄电池的一半。从汽车可达里程的角度来比较,在蓄电池的体积相同时,使用镍氢蓄电池的车辆可达里程是使用镍镉蓄电池车辆的 2 倍。

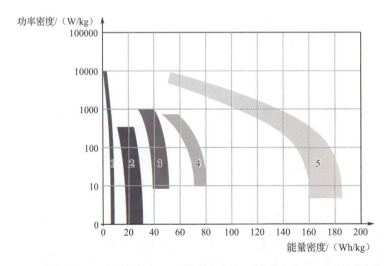

1- 双层电容器;2- 铅酸蓄电池;3- 镍镉蓄电池;4- 镍氢蓄电池;5- 锂离子蓄电池

图3-4　双层电容器与4种蓄电池的能量密度和功率密度

矿物燃料的能量密度都非常高。例如,汽油或柴油的能量密度可达 11.8 kwh/kg,而 12 V 铅酸蓄电池的能量密度仅为 30 wh/kg;也就是说,汽油的能量密度几乎是铅酸蓄电池的 400 倍。例如,体积仅为 0.03 L 的汽油中就包含与体积约为 12 L 的 12 V 蓄电池相同的能量,如图 3-5 所示。

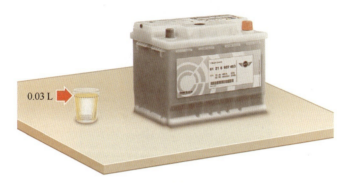

图3-5 汽油和12 V蓄电池能量密度比较

3.2.2 蓄电池[①] 类型

1. 铅酸电池

铅酸电池有近 200 年的历史,目前仍然广泛应用。铅酸电池在车辆中被作为启动内燃机的启动电池使用。此外,铅酸电池也可以在发动机处于静止状态时的有限时间内为用电器提供电流。铅酸电池的结构如图 3-6 所示。

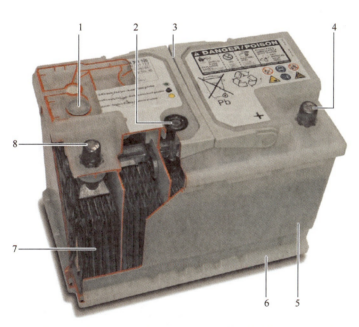

1- 密封塞;2- 液体比重计(电眼);3- 提手;4- 正极接线柱;5- 电池壳体;
6- 用于固定电池的底部滑轨;7- 由正极板组和负极板组构成的极板组;8- 负极接线柱

图3-6 铅酸电池的结构

如图 3-7 所示,在充电状态下,铅酸电池的正极被氧化为二氧化铅(PbO_2),而负极被还原为绒状铅(Pb)。铅酸电池使用经过稀释的硫酸(H_2SO_4)作为电解液。电池放电时,会在两个电极处生成硫酸铅($PbSO_4$)。

---

① "蓄电池"下文均简称为"电池"。

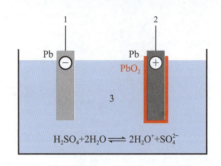

1- 负极（负极接线柱）；2- 正极（正极接线柱）；3- 硫酸

图3-7　铅酸电池中的化学反应

我们可以通过以下化学公式对放电时的整个反应进行描述：

$$Pb+PbO_2+2H_2SO_4 \rightarrow PbSO_4+2H_2O_2+ 电能$$

电解槽主要由正极、负极、隔板和组装所需的部件构成。每个电解槽都输出 2 V 电压。6 个电解槽串联在一起可以提供 12 V 的电压。铅酸电池的能量密度约为 30 Wh/kg。

2. 镍镉电池

镍镉电池已有 100 多年的发展历史，它与铅酸电池的主要区别是在充电和放电期间电解液保持不变。镍镉电池的正极为氢氧化镍，负极为镉。镍镉电池使用氢氧化钾作为电解液，可提供 1.2 V 的电压，其能量密度与铅酸电池基本相同。

镍镉电池经常进行部分放电，会出现容量损失，这种情况称为记忆效应。此时，电池仅能提供较少的能量，而不是正常的能量，且电压也会随之下降。

3. 镍氢电池

镍氢电池对过度充电、放电、过热和电极错误的反应较为敏感，对温度也比较敏感，在达到冰点附近温度时会出现明显的容量损失。

镍氢电池负极由能够可逆存储氢的金属合金制成，氢以晶格形式存储在该合金内；由氢氧化镍制成的正极位于电解液中。

例如，某款镍氢电池可以提供 1.2 V 的电压。镍氢电池的能量密度约为 80 Wh/kg，几乎是镍镉电池能量密度的 2 倍。镍氢电池几乎不会出现前面所说的记忆效应，这种电池可以在短时间内以几乎恒定的电压释放存储的电能。图 3-8 所示为汽车用镍氢电池。

图3-8　汽车用镍氢电池

4. 锂离子电池

锂离子电池简称"锂电池"。

（1）锂电池的特点。

现在能量需求较高的便携设备（移动电话、数码相机、笔记本电脑等）基本使用锂电池提供能量。锂电池能量密度较高，自放电较少，所以在电动汽车领域尤为适用。此外，它在放电时可提供恒定的电压，且没有记忆效应。

（2）锂电池的结构。

常见锂电池的正极由多层锂金属氧化物制成，负极则由多层石墨制成，两个电极都位于无水电解液中；隔板安装在两个电极之间。锂电池的结构如图3-9所示。

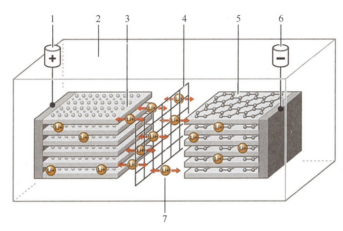

1-正极；2-容纳电解液的壳体；3-锂金属氧化物；4-隔板；5-石墨层；6-负极；7-锂离子

图3-9 锂电池的结构

（3）锂电池的机理。

通过推移锂离子，在锂离子电池中可以产生一个源电压。在电池充电过程中，带有正电荷的锂离子通过电解液由正极移动至负极的石墨层。锂离子与石墨（碳）化合，同时不破坏石墨的分子结构。在电池放电过程中，锂离子重新返回至金属氧化物中，电子可以通过外部电路流至正极。锂离子和石墨层反应后，在负极可以产生一个保护层，该保护层可以让较小的锂离子通过，而电解液中的分子无法通过。

（4）锂电池的特点。

锂电池自放电较少，锂离子的移动力较强，所以其效率可达96%。锂电池效率的大小取决于温度，在低温时将会大幅下降。

一个普通的锂电池可以提供的额定电压为3.6 V。锂电池的电压是镍氢电池的3倍。锂电池过度放电至电压变为2.4 V，会导致电池出现不可逆的损坏和容量损失，因此不允许过度放电。

锂电池相应的功率密度为300～1500 W/kg，其能量密度几乎是镍镉电池的2倍。

> **维修贴**
>
> 使用锂电池时应注意它的一些特点。机械损伤可能导致电池槽短路。高强度电流会导致锂电池壳体熔化和起火。锂电池的外壳虽然是密封的，但不要将它放入水中，因为电池槽会和水发生剧烈反应，特别是在充满电的情况下。锂电池起火时，不能用水，应该用沙土扑灭。

3.3　动力电池结构

3.3.1　常见动力电池类型

现在电动汽车普遍使用三元锂电池和磷酸铁锂电池作为动力电池。三元锂电池能量密度最高，对于对续航里程有要求的纯电动汽车来说，其应用前景更广，是目前动力电池的主流方向。三元锂电池就是三元材料电池，一般是指采用镍钴锰酸锂或镍钴铝酸锂三元正极材料的锂电池，对镍盐、钴盐、锰盐（铝盐）三种不同的成分的比例进行调整，所以称为"三元"。

动力电池按正极材料可分为三元锂电池、磷酸铁锂电池、钴酸锂电池、锰酸锂电池和钛酸锂电池等。钴酸锂电池可以说是锂电池的鼻祖，最先用在特斯拉电动汽车上，其循环寿命和安全性都较低，事实证明并不适合作为动力电池。为弥补这个缺点，特斯拉运用了号称世界上最顶尖的电池管理系统（BMS）来保证电池的稳定性。钴酸锂电池目前在电脑、通信和消费电子领域的市场份额很大。锰酸锂电池最先由电池企业 AESC 提出，使用锰酸锂电池的代表车型是日产聆风，其价格低，能量密度中等，安全性一般，逐步被替代。磷酸铁锂电池稳定性好，寿命长，具有成本优势，特别适用于需要经常充电、放电的插电式混合动力汽车，其缺点是能量密度一般。

动力电池用于吸收、存储和提供电能，以供电机驱动装置和高压车载网络使用。高压电池单元由多个电池单元模块组装而成，每个电池单元模块分别带有多个单体电池。电池单元模块相互串联在一起。电动汽车通过外部电网及制动能量回收，可以为高压电池单元充电。

3.3.2　动力电池性能指标

1. 锂电池的充电和放电

电池放电是将化学能转化为电能，而充电相反，将电能转化为化学能。电池通过电子在正极与负极之间的转移实现充电和放电。要想成为好的能量载体，电池就要以尽可能小的体积和质量存储和传送更多的能量。因此，电池需要满足原子相对质量小、电子转移比例高、得失电子能力强的基本条件，用锂做动力电池具备这三个条件。

图 3-10 所示为锂电池充电和放电过程。在锂电池充电和放电过程中，锂离子处于从正极→负极→正极的运动状态。

当对锂电池充电时，在电池的正极上有锂离子生成，生成的锂离子经过聚合物电解质隔膜运动到负极。作为负极的碳呈层状结构，有很多微孔。到达负极的锂离子嵌入碳层的微孔中，嵌入的锂离子越多，电池充电容量越大。

在使用电动汽车（动力电池）的过程中，也就是锂电池放电时，嵌在负极碳层中的锂离子脱出，又回到正极。回到正极的锂离子越多，电池放电容量越大。这里所说的放电容量就是电池容量。

从安全、可靠及兼顾充电效率等方面考虑，锂电池通常采用两段式充电方法。第一阶段为恒流限压，第二阶段为恒压限流。锂电池充电的最高限压值根据正极材料不同而有一定的差别。

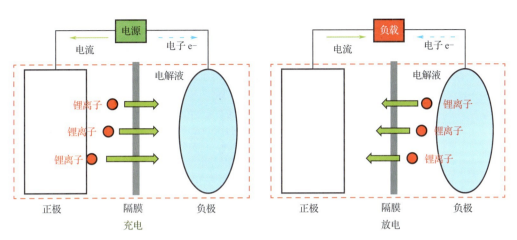

图3-10 锂电池充电和放电过程

2. 锂电池的安全性

锂电池在热冲击、过充、过放和短路等滥用情况下，其内部的活性物及电解液等组分间将发生化学、电化学反应，产生大量的热量与气体，使电池内部压力增大，可能导致电池着火，甚至爆炸。

3. 锂电池的热特性

锂电池放电电流越大，正极处的温度上升越快，并且温度极值越高。在环境温度较高，且电池大功率放电的情况下，必须采用散热措施，以避免安全问题。充电倍率越大，锂电池温度上升越快，温度峰值越高。

4. 动力电池性能指标

动力电池性能指标如表 3-1 所示。

表3-1 动力电池性能指标

指标		单位	说明
电压	开路电压	V	指电池在没有连接外电路或者外负载时的电压。开路电压与电池的剩余能量有一定的联系，电池电量显示就是利用这个原理
	工作电压	V	指电池在工作状态下，即电路中有电流流过时，电池正极与负极之间的电势差。在电池放电工作状态下，当电流流过电池内部时，必须克服内阻的阻力，故工作电压总是低于开路电压
	放电截止电压	V	这也是下限保护电压，指电池充满电后进行放电，放完电时达到的电压（若继续放电则为过度放电，对电池的寿命和性能有损伤）
	充电限制电压	V	这也是上限保护电压。在充电过程中由恒流充电变为恒压充电的电压
电池容量		Ah	电池容量是指电池能够储存的电量。容量是电池电性能的重要指标，由电极的活性物质决定。电池容量用C表示，单位用Ah（安时）或mAh（毫安时）表示。$C=It$，即电池容量=电流×放电时间。容量为10 Ah的电池，以5 A放电可放2 h，以10 A放电可放1 h。电池的实际容量主要取决于活性物质的数量、质量及其利用率等因素
电池能量		Wh	电池能量是指在一定放电制度下，电池所能输出的电能： 电池能量=电压×电池容量
能量密度		Wh/L, Wh/kg	单位体积或单位质量电池释放的能量，决定汽车续航里程
功率密度		W/L, W/kg	单位体积或单位质量电池输出功率，决定汽车加速性能
电池放电倍率		C	放电倍率是指在规定时间内放出额定容量时所需的电流值，在数值上等于电池额定容量的倍数，即充放电电流÷额定容量

续表

指　标	单　位	说　明
荷电状态（SOC）	%	荷电状态也叫剩余电量，简称"SOC"，代表电池放电后剩余容量与其完全充电状态的容量的比值。其取值范围为0～1（即SOC取值为0≤SOC≤100%）。电池管理系统就是主要通过管理SOC并进行估算来保证电池高效工作，所以是电池管理的核心
内阻	mΩ	电池内阻是一个非常复杂而又非常重要的特性，影响电池内阻的因素有电池材料和结构等。电池内阻是指电池在工作时，电流流过电池内部受到的阻力。内阻大的电池在充电、放电的时候，内部功耗大，发热严重，会造成电池的加速老化和寿命衰减，同时限制大倍率的充电、放电应用。所以，电池内阻越小，性能越好，不仅电池的实际工作电压高，消耗在内阻上的能量也少。电池内阻包括欧姆内阻和极化内阻，欧姆内阻由电极材料、电解液、隔膜电阻及各部分零件的接触电阻组成，极化内阻包括电化学极化与浓差极化引起的电阻
自放电率	%	电池自放电，是指电池在开路静置过程中电压下降的现象，又称电池的荷电保持能力。电池自放电将直接降低电池的容量和储存性能
放电深度	%	电池保有容量数值的表示方法。放电深度以百分比表示。例如，容量为10 Ah的电池放电后容量变为2 Ah，可以称为80%放电深度
循环寿命	次	循环寿命指的是电池可以循环充电、放电的次数（容量衰减到80%）
电池组的一致性		单体电池在制造出来后，由于工艺的问题，内部结构和材质不完全一致，本身存在一定的性能差异。初始的不一致随着电池在使用过程中连续充电、放电循环而累积。目前行业普遍采用带有均衡功能的电池管理系统来控制电池组内电池的一致性，以延长产品的使用寿命
化成		在制造后，需要对单体电池进行小电流充电，将其内部正极与负极物质激活，在负极表面形成一层钝化层——SEI膜，使电池性能更加稳定，这一过程称为化成。化成过程中的分选过程能够提高电池组的一致性，最终使电池组的性能提高。化成容量是筛选合格电池的重要指标

不同正极材料的锂电池对比如表3-2所示。

表3-2　不同正极材料的锂电池对比

项　目	钴酸锂电池	锰酸锂电池	磷酸铁锂电池	镍钴锰酸锂电池	镍钴铝酸锂电池
化学式	$LiCoO_2$	$LiMnO_4$	$LiFePO_4$	$Li(Ni_xCo_yMn_z)O_2$	$Li(Ni_xCo_yAl_z)O_2$
结构类型	层状氧化物	尖晶石	橄榄石	层状氧化物	层状氧化物
电压平台/V	3.7	3.8	3.2	3.6	3.7
理论比容量/(mAh/g)	274	148	170	273～285	
实际比容量/(mAh/g)	135～155	100～120	130～150	155～200	
压实密度/(g/cm³)	3.6～4.2	3.2～3.7	2.1～2.5	3.7～3.9	
能量密度/(Wh/kg)	180～240	100～150	100～150	180～300	
循环寿命（次）	500～1000	500～200	>2000	800～2000	500～2000
低温性能	好	好	一般	好	好
高温性能	好	差	好	一般	差
安全性	差	较好	好	较好	较差
储量	贫乏	丰富	丰富	较丰富	较丰富

续表

项目	钴酸锂电池	锰酸锂电池	磷酸铁锂电池	镍钴锰酸锂电池	镍钴铝酸锂电池
主要应用领域	消费型锂电池	动力电池、储能	动力电池、储能	动力电池、储能	动力电池、储能
优势	充电与放电稳定、生产工艺简单	锰资源丰富、价格低、安全性好	安全性好、成本较低、循环寿命好	能量密度高、循环寿命好、电化学性能稳定、低温性能好	
劣势	钴资源紧缺、价格高、循环寿命短	能量密度低、循环寿命短、相容性差	能量密度较低、温性能差、产品一致性差	钴资源贫乏、价格高、热稳定性差、生产工艺复杂	

表 3-3 所示为 2020 款小鹏 P7 动力电池指标参数。该电池分为长续航版与标准续航版。长续航版成组方式为 2P96S，共 192 颗单体电池；标准续航版成组方式为 4P96S，共 384 颗单体电池。

表3-3　2020款小鹏P7动力电池指标参数

类别		长续航版	标准续航版	单位
动力电池总成	型号	TPLi0808-346	TPLi0708-350	
	串并联	2P96S	4P96S	
	额定容量	234	202	Ah
	额定能量	80.87	70.78	kWh
	额定电压	345.6	350.4	V
	充电温度范围	−20~55	−20~55	℃
	放电温度范围	−30~55	−30~55	℃
	最大允许持续充电电流	336	333	A
	最大允许持续放电电流	234	202	A
	防护等级	IP68	IP68	
	质量	490±14	450±13	kg
模组	串并联数	2P6S	4P4S	
	额定容量	234	202	Ah
	额定电压	21.6	14.6	V
	质量	23.4	14.6	kg
单体电池	类型	三元	三元	
	额定电压	3.6	3.65	V
	电压范围	2.85~4.2	2.5~4.2	V
	额定容量	117	50.5	Ah

3.3.3　动力电池总体结构部件

1. 总体结构

在实际维修中，我们一般不需要拆解动力电池进行维修，而是整体更换，但需要判断动力电池是否存在故障，所以需要更进一步地了解动力电池内部结构。动力电池如图 3-11 所示。动力电池组成部件分解如图 3-12 所示。

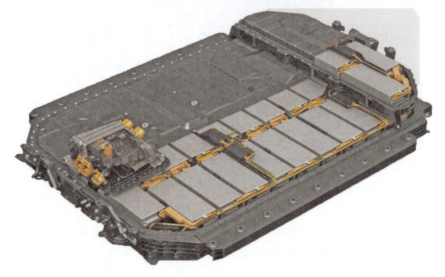

图3-11 动力电池

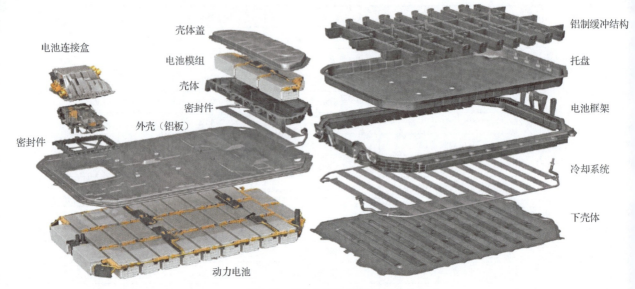

图3-12 动力电池组成部件分解

动力电池的下壳体为主要承重件,分为两个区域,大区域主要承载模组和冷却板等零件,中间布置纵梁和横梁,以加强壳体强度。小区域为维修测试区域,主要承载电源分配单元和电池管理系统等零件。上壳体分为大盖板和小盖板,大盖板主要用于防护模组,小盖板用于防护电源分配单元和电池管理系统区域。大盖板与下壳体通过密封胶进行密封,小盖板与下壳体通过密封垫进行密封,电池壳体密封满足高压水枪或高温水蒸气冲刷标准。

维修贴

图3-13所示为蔚来ES8动力电池。该系统共有32个基础电池模组,通过串并联方式连接;模组与外壳体之间的固定是通过螺栓连接;每4个模组共用一块冷却板,系统共有8块独立的冷却板;电池管理系统、电源分配单元、高低压电气连接接口、冷却连接接口均布置在电池包的一侧。

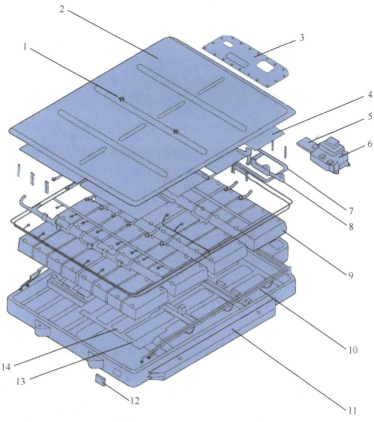

1- 顶部套筒；2- 顶板；3- 前盖板；4- 防火垫；5- 电池管理系统；6- 电源分配单元；
7- 密封圈；8- 铜排；9- 模组；10- 冷却水管；11- 电池底壳；12- 泄压阀；13- 冷却板；14- 导热垫

图3-13　蔚来ES8动力电池

2. 单体电池和模组

动力电池由多个电池模组串联而成，每个电池模组内部有多个单体电池并联，构成电池模块，如图 3-14 ~ 图 3-16 所示。

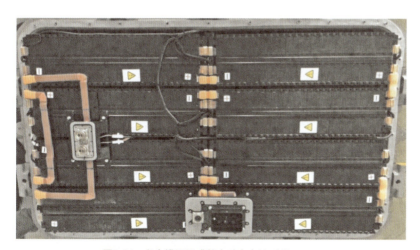

图3-14　多个模组组成整个动力电池（1）

> **维修贴**
>
> 一个电池模组可以看作一个模块，表示单独个体；一个单体电池组也可以看作一个模块，表示单独个体。

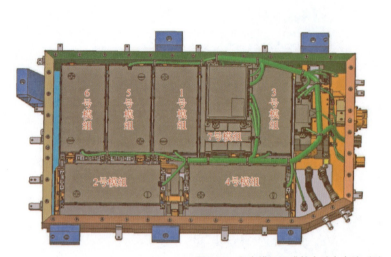
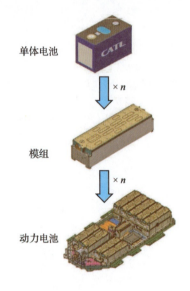

图3-15 多个模组组成整个动力电池（2）

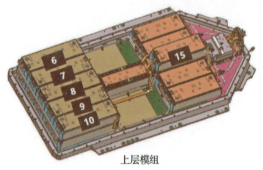
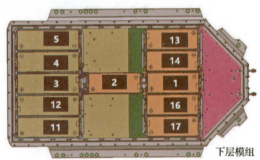

图3-16 双层排布的电池模组

（1）单体电池。

单体电池是将化学能与电能相互进行转换的基本单元装置，通常包括正极、负极、隔膜、电解质、外壳和端子，并被设计成可充电。单体电池通常称作电芯。单体电池结构如图3-17所示。

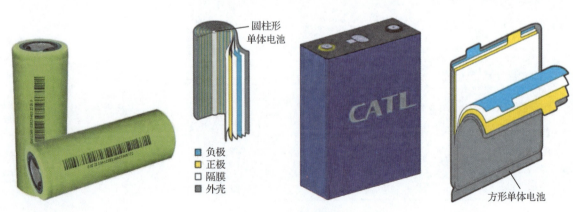

图3-17 单体电池结构

锂电池从外形上可以分为圆柱形、方形、软包和纽扣几种。其中圆柱形锂电池主要型号为18650、26650、21700等。电动汽车主要使用圆柱形和方形锂电池。纽扣锂电池在汽车上也比较常见，如在遥控钥匙上安装的电池。

按电解质不同,锂电池可以分为液态锂电池、聚合物锂电池、全固态锂电池,其中液态锂电池由有机溶剂和锂盐构成,目前仍是主流。

> **维修贴**
>
> 18650型号圆柱形锂电池:"18"代表电池的直径为18 mm,"65"代表不包含极柱的电池高度为65 mm,"0"代表圆柱形。

(2)电池模块。

电池模块是一组并联的单体电池,可能包含监测电路与保护装置(如熔断器等)。电池模块没有固定的封装外壳、电子控制装置,且没有确定极柱的布置,不能直接应用在车辆上。该组合额定电压与单体电池的额定电压相等,是单体电池在物理结构和电路上连接起来的最小分组,可作为一个单元替换。电池模块也称为电芯组。

(3)电池模组。

将一个以上单体电池或电池模块按照串联、并联或串并联混合方式组合,并作为电源使用的组合体,称为电池模组,如图3-18所示。

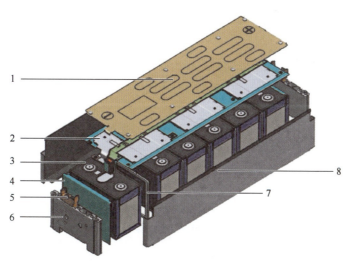

1-上盖;2-线束隔离板组件;3-单体电池;4-端板绝缘膜;
5-输出级底座;6-端板;7-口字缓冲垫;8-侧板

图3-18 电池模组

> **维修贴**
>
> 单体电池组合成电池模组有并联、串联和混联三种方式,分别用P、S和SP来表示。采用这样的连接方式有以下目的。
>
> (1)串联在一起,可提升电压。
>
> (2)并联在一起,可提升电量。
>
> (3)混联在一起,电压累积,容量累积;先并联,后串联。

下面用一些例子说明电池模组混联方式,如图 3-19 ~ 图 3-21 所示。

① 1P4S:1 并 4 串,即 1 个单体电池并联,将 4 个单体电池串联在一起,组成一个电池模组。

② 2P4S:2 并 4 串,即 2 个单体电池并联组成一个独立的电池模块,再由 4 个电池模块串联在一起,组成一个电池模组。这样的连接方式可以把两个单体电池看作一个单体电池。

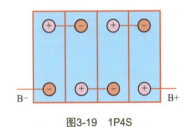

图3-19　1P4S

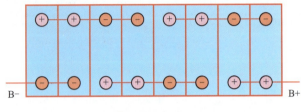

图3-20　2P4S

③ 3P4S:3 并 4 串,即 3 个单体电池并联组成一个独立的电池模块,再将 4 个电池模块串联在一起,组成一个电池模组。这样的连接方式可以把三个单体电池看作一个单体电池。

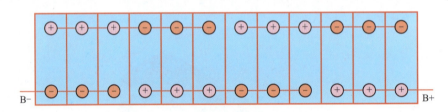

图3-21　3P4S

维修贴

动力电池额定电压 ÷ 串联数 = 电池模块电压。

例如,3P91S 表示 3 个单体电池并联成 1 个电池模块,再将 91 个电池模块串联成电池模组。如果这个动力电池的额定电压为 332 V,即电池模块电压为 332 V ÷ 91 ≈ 3.6 V,这里三个单体电池组成一个电池模块,那么单体电池电压为 1.2 V。

3. 电池管理系统

电池管理系统简称"BMS"。

(1)电池管理系统电气结构。

电池管理系统布局在动力电池总成内部,图 3-22 所示为电池管理系统插件端。电池管理系统和其他控制系统一样有硬件和软件,具有数据采集和控制功能。

① 硬件:电池管理系统硬件有主板、从板及高压盒,还包括采集电压、电流、温度等数据的电子器件。

② 软件:电池管理系统监测电池的电压、电流、SOC 值、绝缘电阻值、温度值,功率集成单元(PEU)通信,来控制动力电池系统的充电和放电。

图3-22 电池管理系统插件端

低压端：电池管理系统插接器　　高压互锁插接器

维修贴

图3-23所示为奥迪e-tron电池模组和电池模块控制单元，共有12个电池模块控制单元。每个电池模块控制单元管理三个电池模块。

电池模块控制单元1（J1208）控制电池模块1、2、3；电池模块控制单元2（J1209）控制电池模块4、5、6；电池模块控制单元3（J1210）控制电池模块7、8、9；电池模块控制单元4（J1211）控制电池模块10、11、12；电池模块控制单元5（J1212）控制电池模块13、14、15；电池模块控制单元6（J1213），控制电池模块16、17、18；电池模块控制单元7（J1214）控制电池模块19、20、21；电池模块控制单元8（J1215）控制电池模块22、23、24；电池模块控制单元9（J1216）控制电池模块25、26、27；电池模块控制单元10（J1217）控制电池模块28、29、30；电池模块控制单元11（J1218）控制电池模块31、32、33；电池模块控制单元12（J1219）控制电池模块34、35、36。

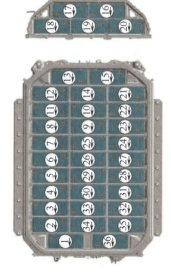

36个电池模块

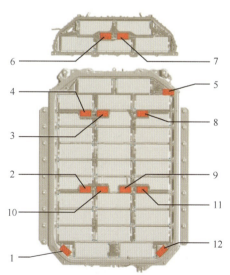

12个电池模块控制单元

电池模块控制单元

图3-23 奥迪e-tron电池模组和电池模块控制单元

> 电池模块控制单元通过 CAN 总线与电池调节控制单元（如图 3-24 所示）和高压电池开关盒进行通信。

图3-24　电池调节控制单元

（2）电池管理系统功能。

电池管理系统是电池保护和管理的核心部件。在动力电池系统中，它不仅要保证电池安全可靠地使用，而且要充分发挥电池的能力，延长电池的使用寿命。电池管理系统与其他控制器通信，根据采集到的驾驶信息和动力电池系统的基本参数及故障信息，通过控制继电器来控制动力电池的充电和放电。电池管理系统主要有以下功能。

① 通过检测电压、电流及温度等实现对动力电池系统的过压、欠压、过流、过高温和过低温保护；

② 继电器控制；

③ SOC 估算；

④ 充电管理；

⑤ 平衡控制；

⑥ 故障报警及处理；

⑦ 与其他控制器通信；

⑧ 高压回路绝缘检测；

⑨ 为动力电池系统加热。

图 3-25 所示为电池管理系统估算电池格电压及平衡控制示意图。

在这个例子中，3 号单元 100% 充电，充电循环就结束了，尽管高压电池整体充电量只达到了 92.5%。

电池管理系统让 3 号单元放电，使充电循环可以继续，高压电池的充电水平可以上升到 100%。

在充电时，电压差超过 1%，电池管理系统进行平衡。在点火开关关闭，电池充电状态高于 30% 时，电池管理系统进行平衡。

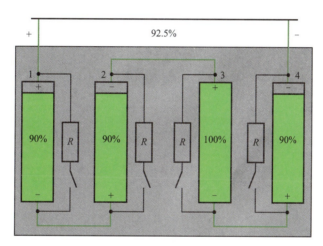

图3-25　电池管理系统估算电池格电压及平衡控制示意图

各种车系电池管理系统的具体控制策略可能有所不同，名称也可能有所不同（例如，宝马车系称"蓄能器管理电子装置"，如图 3-26 所示），但具有控制电池的功能。例如，奥迪 e-tron 电池调节控制单元具有以下控制功能。

（1）确定高压电池的充电状态。
（2）确定并监控允许的充电电流和放电电流，以及电池充电的电压和电流。
（3）评估高压开关盒测得的高压系统绝缘电阻值。绝缘检查如图 3-27 所示。在高压系统处于激活状态时，高压电池开关盒（图 3-28）每隔 30 s 就会进行一次绝缘检查。
（4）监控安全线。
（5）估算电池格电压及平衡。
（6）把要求高压电池加热的指令发给温度管理控制单元。
（7）按温度管理控制单元提供的参数激活高压电池冷却液泵。
（8）在车辆发生碰撞时促使接触器脱开。

图3-26　宝马车系蓄能器管理电子装置（宝马iX3 G08 BEV）

图3-27　绝缘检查

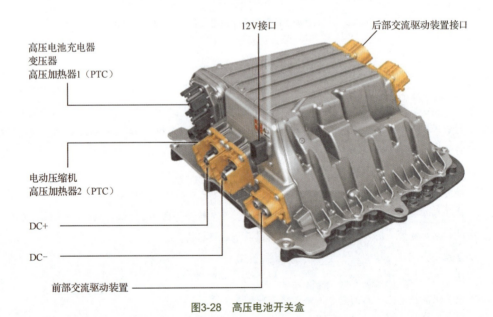

图3-28　高压电池开关盒

4. 动力电池上的高压、低压接线和接口

（1）高压导线和插头。

高压导线将高压组件相互连接在一起。无论是各类高压组件上的高压接口，还是高压插头上的高压接口，都配备有带电部件的接触保护。

维修贴

高压电缆不允许过度弯曲或者折叠，因为这样做可能导致导线屏蔽层损坏，继而导致高压系统出现绝缘故障。高压电缆最小弯曲半径取决于高压电缆的外径。高压电缆的弯曲半径如图3-29所示。

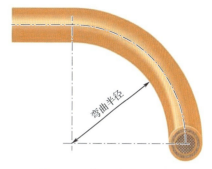

图3-29 高压电缆的弯曲半径

（2）动力电池高压电缆插头。

动力电池和电力驱动单元之间高压电缆的屏蔽层在插头外壳中，通过弹性触点过渡到对应高压组件的外壳。动力电池和充电接口之间的高压电缆没有屏蔽层。

维修贴

对于配有专用插头的高压电缆中是否存在屏蔽层，可以通过插头外壳上两个塑料端盖的颜色进行识别。对于插头中高压触点的接触保护，宝马G08 BEV采用不同颜色来识别：如果高压插头端盖的颜色为灰色，就带有高压电缆屏蔽层；如果高压插头端盖的颜色为青绿色，就没有高压电缆屏蔽层。动力电池上的高压插头如图3-30所示，高压插头部件如图3-31所示。

有屏蔽层　　　　无屏蔽层

图3-30 动力电池上的高压插头

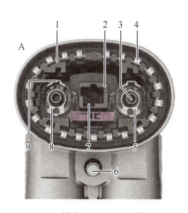
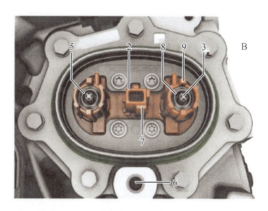

A- 插头；B- 组件上的高压接口；1- 外部设码；2- 用于高压触点监控的插头外壳；
3- 高压触点的内部接触保护；4- 屏蔽层的电触点；5- 高压导线线脚2（负极）的电触点；
6- 螺栓连接；7- 内部机械设码；8- 高压导线线脚1（正极）的电触点；9- 高压触点的外部接触保护

图3-31 高压插头部件

（3）动力电池电气接口。

除高压接口以外，动力电池同样具有一个连至低压车载网络的接口。通过它，为集成在动力电池中的管理系统供电，并且提供总线信号和其他信号。

> 动力电池上的电气接口如图3-32所示。动力电池具有一个连接低压车载网络的16芯接口。通过它，为集成在动力电池中的存储器电子管理系统供电，并且提供总线信号和其他信号。存储器电子管理系统同样通过该接口实现对高压电池单元冷却液截止阀的促动。
>
> 一个高压接口（插头）将动力电池和联合充电单元连接在一起。通过这个接口，向高压电池单元提供经过整流的充电电压。这个接口称为高压连接区。一个是高压接口（插头）将高压电池单元和电力驱动单元连接在一起，还有一个高压接口（插头）将高压电池单元直接和直流充电接口相连。

1- 连接联合充电单元的高压接口；2- 连接低压车载网络的接口；
3- 连接电力驱动单元的高压接口；4- 直流充电高压接口

图3-32 动力电池上的电气接口

3.3.4 动力电池冷却系统

1. 动力电池的水冷冷却方式

水冷冷却是电动汽车普遍采用的一种动力电池冷却方式。动力电池冷却系统组成结构如图3-33所示。

动力电池总是在不断地充电、放电，在这个热力学过程中放出热量。当动力电池温度过高时，除自身老化外，还会使相关导体上的电阻增大，导致电能没有转换为功，而是转换成热量损耗掉了。所以，动力电池系统必须进行冷却。当然，动力电池不仅需要冷却降温，也需要加热。冷却系统的作用就是通过冷却液循环为动力电池散热，并且通过热交换管理模块及整车管路在适当的时候给动力电池加热。

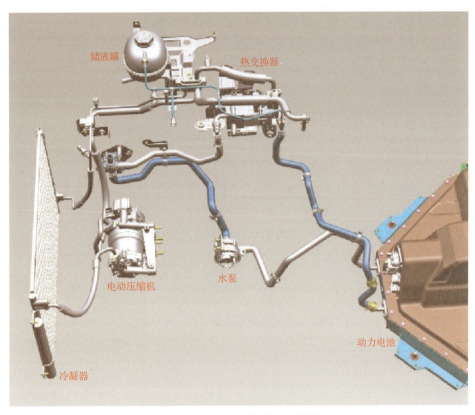

图3-33 动力电池冷却系统组成结构

图 3-34 所示为动力电池内部冷却系统部件结构：液冷板布置于下箱体和电池模组之间，布置方向同电池模组方向；连接管采用尼龙管并用快接头连接；液冷板与电池模组之间铺设导热硅胶垫；液冷板底部采用弹性支撑；在连接管上布置水温传感器。冷却液从 A 处分两条支路流入，从 B 处汇合流出。

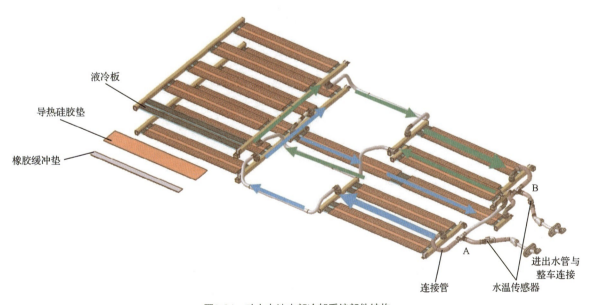

图3-34 动力电池内部冷却系统部件结构

根据电池的特性要求，电池包内部用水冷方式实现内外热交换。动力电池冷却系统通过电池散热器与热交换管理模块实现对电池的冷却和加热，保证电池可以正常高效地工作。图3-35为动力电池水冷冷却系统运行示意图。

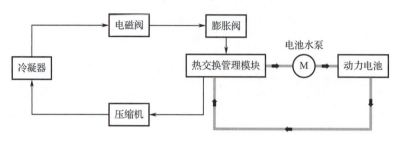

图3-35　动力电池水冷冷却系统运行示意图

> 图3-36所示为宝马G08 BEV动力电池的冷却液循环回路，对动力电池的冷却通过车辆冷却液循环回路进行。冷却液通过冷却液（制冷剂）热交换器和配套的制冷剂循环回路加以冷却。

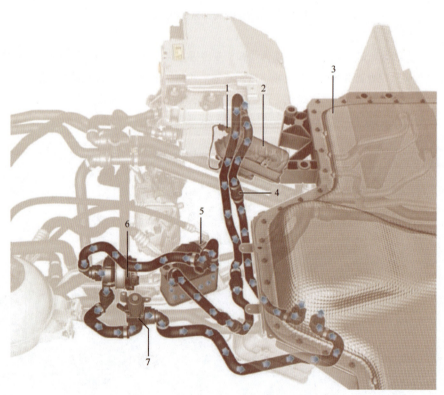

1-电子暖风装置上的冷却液温度传感器；2-电加热装置；3-动力电池；4-单向阀；
5-冷却液（制冷剂）热交换器；6-冷却液泵；7-冷却液截止阀

图3-36　宝马G08 BEV动力电池的冷却液循环回路

2. 动力电池的风冷冷却方式

动力电池的风冷冷却方式是利用来自空调系统的冷气来冷却动力电池。电动汽车一般采用以电动压缩机为制冷源 + 密封管路 + 空气（冷热交换介质）+ 风扇构成的主动式风冷散热的解决方案。冷却系统一般通过空调系统和车厢引入冷气，并采用专用控制风门来控制进气。动力电池冷却鼓风机风扇引入的冷气，通过单格之间的缝隙从动力电池的上部流至下部，然后绕经 DC/DC 转换器进入行李箱。

在动力电池总成壳体内，蒸发器与承载"冷量"的空调管路关联，进行热量交换。单体电池产生的热量通过围绕模组设定的封闭管路内的空气进行热量交换，并循环至驾驶舱内的冷凝器。如此往复，在动力电池总成壳体内的风扇、管路、承载冷量的空气交互作用下，风冷冷却系统进行主动风冷热管理。

图 3-37 所示为动力电池风冷冷却系统运行示意图。

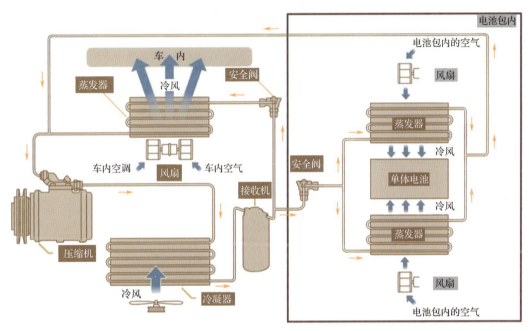

图3-37　动力电池风冷冷却系统运行示意图

维修贴

以丰田 C-HR 纯电动汽车为例，动力电池内部设冷却管路，金属材质的冷风管被作为缓冲吸能区，保护单体电池及高压回路。

带有冷却管的动力电池在汽车上的布局如图 3-38 所示。图 3-39 为动力电池缓冲示意图。

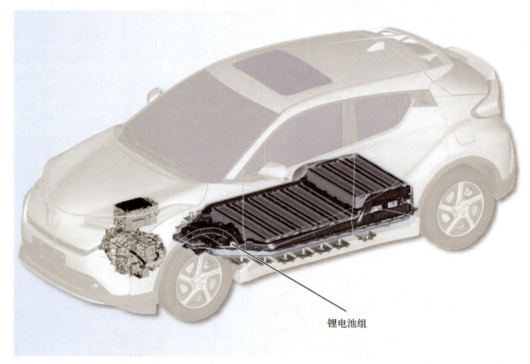

图3-38 带有冷却管的动力电池在汽车上的布局

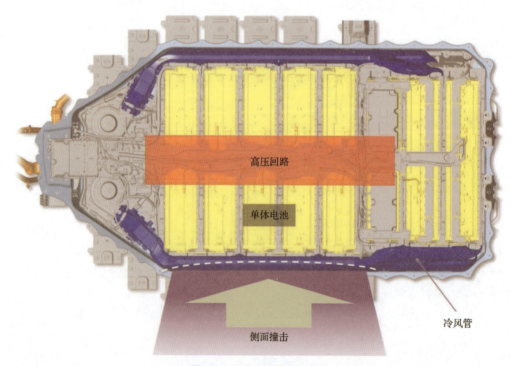

图3-39 动力电池缓冲示意图

在控制电池温度时，车载空调制冷系统同时应用于乘员舱和动力电池，而在低温环境下，每个单体电池下方都有独立的电池加热器，避免电池性能下降而影响续航里程，如图3-40所示。电池加热器在动力电池充电时也能让电池保持适宜的温度，并提高充电速率。

图3-40 每个单体电池下方都有独立的电池加热器

3. 动力电池加热基本原理

在极端寒冷的环境中,锂离子的活性会降低,从而降低动力电池充电和放电的性能。电池加热系统通过加热冷却液,使动力电池的温度达到最佳值,以确保动力电池的充电和放电性能。用电加热器加热后的冷却液,流经电池冷却器,与电池侧的冷却液进行热交换,从而升高动力电池冷却液温度,实现电池加热功能。

(1)动力电池温度下降到指定值以下,系统会开启电加热器,并将来自动力电池的电能提供给加热器的电热丝。

(2)在动力电池充电时,启动电加热器,来自充电设备的电能将提供给电加热器。

(3)电加热器电路中有熔断器,由于车辆故障而无法关闭电加热器时,熔断器将烧断,电路被切断,以防止动力电池过热。

(4)当满足电加热器停止条件时,如动力电池温度升至特定温度时,系统将关闭电加热器并停止向电加热器供电。

(5)即使关闭主电源,当整车控制器(VCU)从电池控制单元接收到操作请求信号时,电加热器也会工作。

3.4 动力电池系统维修

3.4.1 高压互锁维修

1. 高压互锁维修原理

动力电池总成内部有高压互锁回路(HVIL),通过主板输出信号,经互锁回路接收信号,以此对高压连接进行检测。如果某一高压接插件未接插好或某一段线束开路,则会导致互锁检测不能通过,报出高压互锁故障。

为了确认高压插接件的连接可靠性,整车高压系统中的插接件基本都连接检测电路。当检测电路断开的时候,整车控制器或电池管理系统即认定高压插接件松脱,为保证整车安全,不允许上高压电。

动力电池维修开关串联在动力电池高压互锁回路中。高压互锁回路设置三个回路,即驱动回路、动力电池回路、充电回路。高压互锁原理如图3-41所示。

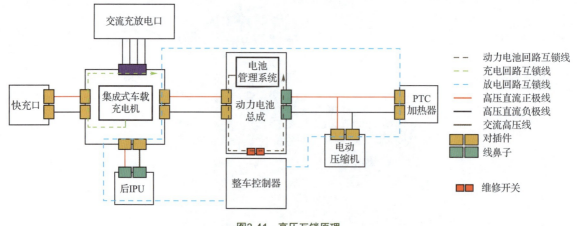

图3-41 高压互锁原理

> **维修贴**
>
> 电动汽车高压动力系统的控制是通过低压系统进行的，一旦低压系统出现故障，电动汽车高压动力系统将无法上电。

图3-42所示为带高压互锁的动力电池高压母线（结构互锁）。

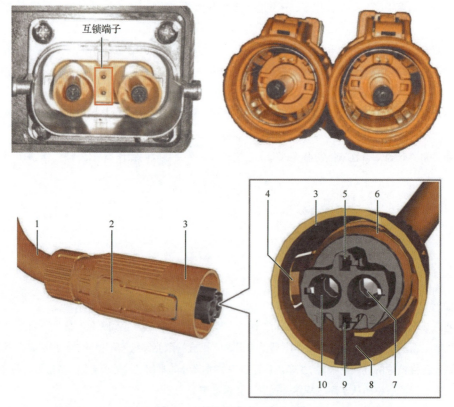

1-高压导线；2-锁止元件操作部位；3-插头壳体；4-锁止元件；5-插头内电桥接口1；
6-用于屏蔽的接口；7-高压接口（线脚2）；8-机械设码；9-插头内电桥接口2；10-高压接口（线脚1）

图3-42 带高压互锁的动力电池高压母线（结构互锁）

1. 故障信息

一辆比亚迪 e5 纯电动汽车,打开点火开关后无法上电,动力系统警告灯亮,仪表显示"请检查动力系统"。

2. 解决思路

根据比亚迪 e5 上电流程图(图 3-43)和启动控制电路图(图 3-44)可知,以下情况都可能导致电动汽车无法上电。

(1)电池的电压不正常,以及 F5-3 和 F5-4 熔断器有异常。

(2)制动踏板信号或启动信号未被多路集成控制模块(MICU)接收。

(3)防盗模块认证信息未被双向逆变充放电式电机控制器(VTOG)或智能钥匙控制器认证。

(4)IG1 继电器未吸合,IG3 和 IG4 继电器未吸合。

(5)高压互锁连接引起故障。

(6)单体电池过温、过压、漏电、欠压导致电池管理系统自检异常。

(7)高压母线未达到规定电压,严重漏电导致预充失败。

(8)电池管理控制器故障导致接触器无法工作。

(9)CAN 网络通信故障。

3. 故障检测

(1)维修技师进行安全防护后,首先对车辆进行故障诊断检测,进入 VTOG 读取故障码,显示故障码为"P1A6000 高压互锁 1 故障"。

(2)读取数据流,与该故障相关的主要数据流信息为:不允许充放电;主接触器断开;高压互锁 1 锁止。

4. 故障判断

根据故障诊断检测数据流,初步确定该故障为高压互锁系统线路故障或高压互锁系统元件故障。

5. 故障分析

(1)根据图 3-45 所示,该车型高压互锁电路由电池管理系统、动力电池、电机控制器及空调加热器构成。据此,关闭点火开关测量电阻:断开电池管理系统的 BK45(A)插接器及 BK45(B)插接器,用万用表电阻挡测量 BK45(A)/1 端子与 BK45(B)/7 端子之间的电阻,测得电阻值为无穷大;在正常情况下该电阻值应小于 1.0 Ω,这说明在互锁电路中存在开路。

(2)断开电机控制器的 B28(B)插接器,测量 BK45(B)/7 端子与 B28(B)/23 端子之间的电阻为 0.7 Ω,小于 1.0 Ω。由此可判断从电池管理系统到电机控制器之间的线路正常;测量 BK45(A)/1 端子与 B28(B)/22 端子之间线路的电阻值,结果为无穷大,这时基本可以确定线路的断点位于从电机控制器到电池管理系统之间的线路上。

(3)为了明确断点所在位置,继续检测:断开空调加热器的 B52 插接器,测量 BK45(A)/1 端子与 B52-2 端子之间的电阻值,结果为 0.6 Ω。这样可以确定从空调加热器到电池管理系统之间的线路是正常的。

6. 故障确定和排除

根据上述检测分析和推断,可以确定线路断点位于空调加热器与电机控制器之间的线路。

更换空调加热器与电机控制器之间的线束,故障排除。

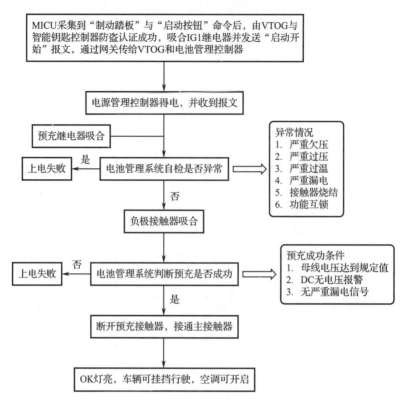

图3-43 比亚迪e5上电流程图

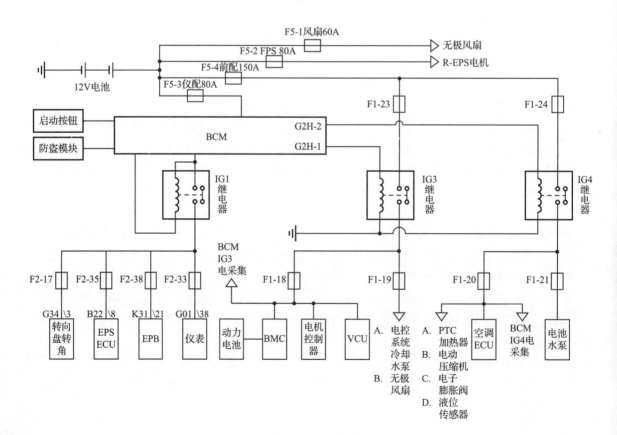

图3-44 比亚迪e5启动控制电路图

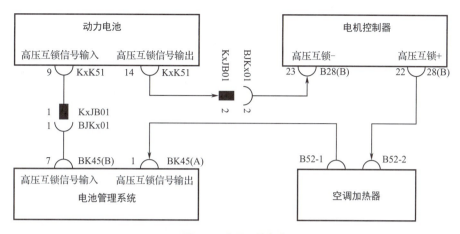

图3-45 高压互锁电路图

2. 高压互锁作用

高压互锁是纯电动汽车上一种利用低压信号监测高压回路完整性的安全设计措施。在高压互锁回路接通或断开的同时,电源管理控制器接收反馈信号,进而控制高压电路的通断。

图3-46为结构互锁示意图。

高压互锁的作用是判断高压系统回路的完整性,只有所有高压部件的接插件均插接到位后才允许高压系统上电;在整车上高压电之前,确保整个高压回路连接完整,提高安全性。

高压互锁检测的节点有整车控制器、电池管理系统、车载充电机(OBC)。

高压互锁相关的节点有整车控制器、电池管理系统、车载充电机、后电机控制器、前电机控制器、电动压缩机、空调加热器、高压配电箱(PDU)、高压线束等。

功能互锁也是一种高压互锁方式。电动汽车在连接外部充电设备时,为避免发生安全事故,不允许车辆依靠自身驱动系统移动,这也是充电的优先原则。

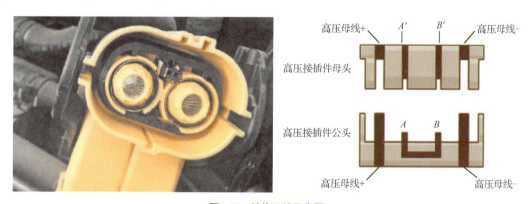

图3-46 结构互锁示意图

3. 高压互锁结构机理

高压互锁装置采用低压导线作为信号线,与高压电源线并联在高压线束护套管内,并将所有高压部件串联起来,形成回路。由于高压互锁插头中高压电源的正极、负极端子与中间互锁端子的物理长度不同,所以当连接高压插头时,高压插头的电源端子会先于中间互锁端子完成连接。断开高压插头时,中间互锁端子先于高压电源的正极、负极端子脱开,从而避免在高压环境下拉弧的产生。同时,高压互锁装置内还配备用于监测高压部件盖板是否可靠关闭的行程开关,以及车辆碰撞和翻转信号监测装置,用于触发断电信号,确保在瞬间能够断开高压回路。

3.4.2 维修开关

1. 维修开关作用

维修开关串联在动力电池的电池模块之间，连接动力电池的一个正极和一个负极，用于手动关闭高压电路。维修开关如图 3-47 所示。它的主要作用是在车辆维修时直接断开高压回路，从而保证操作人员的安全。

 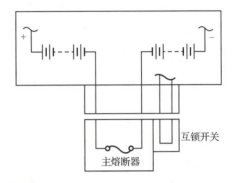

图3-47 维修开关

> 比亚迪e6使用的动力电池类型为磷酸铁锂电池，它由93块单体电池和分布在不同位置的熔断器组成，每个单体电池电压为 3.3 V，多个单体电池组叠加放置，极性交错，用铜排串联焊接为一体。每个单体电池都用一根导线连接至分采集控制单元上，用来检测每个单体电池的放电均衡性，此外还加装温度传感器，用来检测电池的工作温度，这样就形成了一个电池模组。比亚迪e6共有11个这样的电池模组，每个电池模组用电池连接片串联在一起，并与正负极柱相连。
>
> 如图 3-48 所示，一个维修开关串联在比亚迪e6动力电池模组中，在维修高压部件时需要断开此开关；同时在电池组中设有熔断器，对电路进行保护。每个电池模组中的分采集控制单元均通过CAN总线与电池管理系统进行交互，以便对放电电流进行控制，这样构成了动力电池。

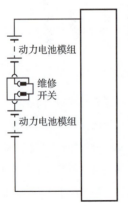 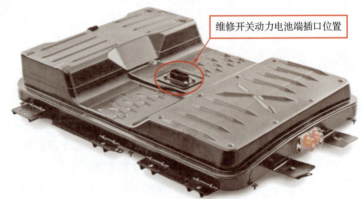

图3-48 比亚迪e6维修开关

2. 维修开关操作事项

维修人员根据维修需要进行高压维修时，先关闭点火开关，再关闭维修开关，拆下电池负极，戴绝缘手套，握住手柄，拔出维修开关（插头端）。维修开关的安装位置根据动力电池形态和布置而有所不同，有的在后座椅下方，有的在副仪表板位置下方，有的在后备箱。

3.4.3 电池管理系统维修

1. 电池管理系统控制策略

电池管理系统主要由电池管理系统主控板及各种传感器组成，动力电池高压电路的单体电压、动力电池电压、电池模组温度、电流、绝缘状态等信息传递到电池管理系统从控板，信息经过从控板处理后，通过内部CAN总线传递到电池管理系统主控板，然后经过电池管理系统处理，最终传递到整车控制器。整车控制器经过计算分析，将命令传递到电机控制器、车载充电机等执行器，由各执行器完成控制动作。

电池管理系统故障包括CAN通信故障、总电压测量故障、单体电压测量故障、温度测量故障、电流测量故障、继电器故障、加热器故障和冷却系统故障等。

> **维修贴**
>
> 各种车系的动力电池管理硬件和策略有所不同，图3-49所示为比亚迪电动车型的分布式电池管理系统，其由1个电池管理控制器（BMC）和13个电池信息采集器（BIC）及1套动力电池采样线组成。
>
> （1）电池管理控制器主要具有充电与放电管理、接触器控制、功率控制、电池异常状态报警和保护、电池荷电状态或完好状态（SOH）计算、自检，以及通信功能等。
>
> （2）电池信息采集器的主要功能有电池电压采样、温度采样、电池均衡、采样线异常检测等，如图3-50所示。
>
> （3）动力电池采样线的主要功能是连接电池管理控制器和电池信息采集器，实现二者之间的通信及信息交换。

图3-49 比亚迪分布式电池管理系统

图3-50 电池信息采集器功能示例

> **维修贴**
>
> 电池电压和电池温度不得低于或高于特定数值，否则可能导致电池持续损坏，因此动力电池内带有电池监控电子装置。如图3-51所示的动力电池由8个串联连接的电池模块组成。每个电池模块都配有一个电池监控电子装置。电池模块自身由12个串联连接的单体电池构成。每个单体电池的额定电压为3.75 V，额定容量为60 Ah。

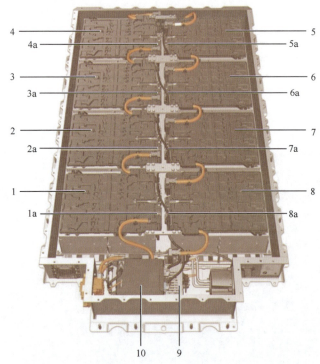

1- 电池模块1；1a- 电池监控电子装置1；2- 电池模块2；2a- 电池监控电子装置2；3- 电池模块3；3a- 电池监控电子装置3；4- 电池模块4；4a- 电池监控电子装置4；5- 电池模块5；5a- 电池监控电子装置5；6- 电池模块6；6a- 电池监控电子装置6；7- 电池模块7；7a- 电池监控电子装置7；8- 电池模块8；8a- 电池监控电子装置8；9- 安全盒；10- 蓄能器管理电子装置

图3-51 8个电池模块组成的动力电池

2. 动力电池上电

（1）将启动钥匙调到 ON 挡，12 V 低压电池供电，全车有控制器的高压部件（动力电池、电机控制器、整车控制器、空调控制器、DC/DC 转换器）低压上电唤醒，初始化，自检无故障，上报整车控制器；动力电池内部动力母线绝缘检测合格，各个继电器状态合格，各个电池模组电压、温度状态合格，上报整车控制器。

（2）整车控制器控制动力电池负极母线继电器闭合。

（3）动力电池内部主控板控制预充电继电器闭合，动力电池首先为负载端各个电容器充电，电池管理系统检测到电容器充满电后，主控板闭合正极母线继电器，然后断开预充电继电器。此时，仪表上 READY 指示灯亮起，车辆启动成功。

3. 动力电池充电过程

（1）车辆停止后，将启动钥匙调到 OFF 挡，12 V 低压电池 ON 挡供电断开；车辆高压系统，包括整车控制器，处于休眠状态。

（2）车辆充电时，启动钥匙要求在 OFF 挡，充电枪正常连接后，充电机（慢充和快充）送出充电机自有的 12 V 低压电，唤醒整车控制器。仪表板出现充电插头信号，表示充电枪连接正常。

（3）整车控制器用 12 V 低压电唤醒电池管理系统和 DC/DC 转换器。动力电池内部自检合格后，通过 CAN 总线向充电机发出充电请求信号，闭合正负极母线继电器，开始充电。

（4）在充电过程中，从控板采集电池电压、温度信息，随时通过内部 CAN 总线与主控板通信，主控板通过对外 CAN 总线与整车控制器和充电机通信，把动力电池的充电要求信息传给充电机，充电机随时调节充电电流和电压，保证充电安全合理。当充电结束，充电枪被拔出时，整车控制器让高压系统下电。

4. 动力电池故障模式

（1）动力电池过热。

动力电池过热分两种情况，一是传感器故障导致信号采集失真，二是动力电池自身内阻过大，导致在充电或放电过程中发热过大。

（2）动力电池 SOC 跳变。

由于电池包内部部分单体电池故障导致单体电压被拉低，车辆根据电压对其进行修正。在此情况下，动力电池 SOC 会进行跳变，车辆的反应为续航里程自动修正为当前 SOC 下的续航里程。

（3）动力电池漏电。

① 漏电检测原则：电动汽车有极高的绝缘要求，高压电气系统绝缘性能是很重要的技术指标。动力电池漏电的具体表现就是母线绝缘故障，其维修原则是通过检测绝缘电阻数值来判定。

② 动力电池漏电检测：电动汽车的绝缘电阻检测系统主要是通过在正极动力电缆与底盘、负极动力电缆与底盘之间分压的方式，来测量高压电缆相对于车辆底盘的绝缘程度。一般是将绝缘电阻检测模块设计在动力电池系统内，把绝缘电阻检测功能集成到电池管理系统控制模块内。图 3-52 为绝缘电阻检测系统简图。

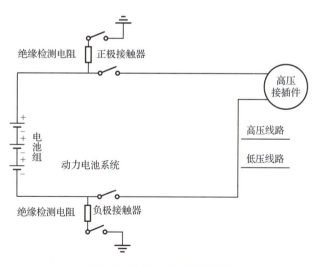

图3-52 绝缘电阻检测系统简图

动力电池漏电时，仪表会显示电池包漏电故障报警；出现严重漏电时，车辆自动将动力切断，进行保护。

③ 用兆欧表检测绝缘电阻方法。用诊断仪读取漏电故障信息。戴上绝缘手套，穿上绝缘鞋，在确保安全的情况下进行操作。

- 在试验前关闭点火开关，拆卸低压电池负极连接线。
- 拔下维修开关。
- 断开动力电池高压电缆插接件，并用放电工装进行放电。
- 对绝缘表进行初步检查，确认绝缘表工作正常。
- 选择合适的量程，连接测试线，测试后读取其绝缘电阻值。

如果动力电池漏电，就应该进行专业拆解维修，或将其返厂更换。

> 在高压电断开的情况下，用绝缘表测量正极对地和负极对地的绝缘电阻值，均应大于或等于 500 Ω/V（也就是说 500 V 直流绝缘电阻不应小于 50 MΩ），且持续 10 s。

5. 容量标定错误

容量标定错误即人为因素干预对动力电池容量大小、当前 SOC 未进行标定匹配引起的错误。容量标定错误将会导致车辆的续航里程与当前 SOC 不匹配，在严重情况下会出现续航里程跳变，甚至使驾驶员误判续航里程，导致车辆抛锚。

容量标定错误处理方法如下所述。

（1）在条件允许的情况下，通过充电柜使车辆放电，直至车辆自动切断动力，然后将车辆充电至 SOC 为 100%。在 SOC 为 90% 左右时，通过前舱动力网 CAN 口连接上位机，打开电池管理监控系统，采集车辆充电到 SOC 为 100% 时的本次充电容量，将此充电容量匹配 SOC 为 100%，重新标入电池管理控制器中。将车辆重新上电，车辆恢复正常。

（2）如果不能通过充电柜对车辆进行放电操作，则需要在 SOC 尽量小的情况下将车辆停放在充电位上，开启 PTC 加热器，将车辆电量放至动力自动切断，然后将车辆充电至 SOC 为 100%。在 SOC 为 90% 左右时，通过前舱动力网 CAN 口连接上位机，打开电池管理监控系统，采集车辆充电到 SOC 为 100% 时的本次充电容量，将此充电容量匹配 SOC100%，重新标入电池管理控制器中。将车辆重新上电，车辆恢复正常。

（3）车辆电池管理控制器自带修复功能，如果上述两种情况均无法操作，车辆在多次充电、放电后会将电池容量修正为接近实际容量。但是，此方法可能让驾驶员误判续航里程，导致车辆抛锚。

6. 动力电池系统常见故障

所有电动汽车的电池管理系统负责动力电池的监控和管理，估算动力电池状态，保证电池系统的性能和安全，满足整车控制的通信需求，并对高压接触器等执行部件进行控制。根据车辆配置等因素，具体车型可能在策略和硬件设置上有所不同。

动力电池系统常见故障如表 3-4 所示。

表3-4　动力电池系统常见故障

故障内容	可能故障原因	故障检查
系统过压或欠压	DC/DC转换器工作异常	检查DC/DC转换器输出
ECAN关闭	CAN线路故障	检查CAN线路
与网关丢失通信	中央网关故障，CAN线路故障	检查中央网关及CAN线路

续表

故障内容	可能故障原因	故障检查
与DC/DC转换器丢失通信	DC/DC转换器故障，CAN线路故障	检查DC/DC转换器及CAN线路
与VCU丢失通信	VCU故障，CAN线路故障	检查VCU及CAN线路
与OBC丢失通信	OBC故障，CAN线路故障	检查OBC及CAN线路
与后电机控制器丢失通信	后电机控制器故障，CAN线路故障	检查后电机控制器及CAN线路
与前电机控制器丢失通信	前电机控制器故障，CAN线路故障	检查前电机控制器及CAN线路
与HVAC丢失通信	HVAC故障，CAN线路故障	检查前电机控制器及CAN线路
单体电压过高一级	① 充电机或回馈功率不受控 ② BMS发的禁止充电标志或回馈功率错误码	① 排查充电机或VCU响应 ② 排查BMS控制逻辑
单体电压过高二级	① 充电机或回馈功率不受控 ② BMS发的禁止充电标志或回馈功率错误码	① 排查充电机或VCU响应 ② 排查BMS控制逻辑
单体电压过高三级	① 充电机或回馈功率不受控 ② BMS发的禁止充电标志或回馈功率错误码	① 排查充电机或VCU响应 ② 排查BMS控制逻辑
单体极限过压	① 充电机或回馈功率不受控 ② BMS发的禁止充电标志或回馈功率错误码	① 排查充电机或VCU响应 ② 排查BMS控制逻辑 ③ 检修更换模组
单体电压过低一级	① VCU没响应允许放电功率 ② BMS计算允许放电功率错误	① 排查VCU响应放电功率 ② 排查BMS允许功率计算
单体电压过低二级	① VCU没响应允许放电功率 ② BMS计算允许放电功率错误	① 排查VCU响应放电功率 ② 排查BMS允许功率计算
单体电压过低三级	① VCU没响应允许放电功率 ② BMS计算允许放电功率错误	① 排查VCU响应放电功率 ② 排查BMS允许功率计算
单体电压过低四级	① BMS在高压下电控逻辑有误 ② 电池长时间亏电放置	① 排查BMS控制策略 ② 排查放电时间 ③ 检修更换模组
单体极限欠压	① BMS在高压下电控逻辑有误 ② 电池长时间亏电放置	① 排查BMS控制策略 ② 排查放电时间 ③ 检修更换模组
单体电池不均衡	① 电池一致性差 ② 最高、最低SOC估算误差大	① 更换单体电池或单体电池维保 ② 排查估算算法
单体动态压差过大	电池一致性差	更换单体电池或单体电池维保
总电压过压一级	① 充电机或回馈功率不受控 ② BMS发的禁止充电标志或回馈功率错误	① 排查充电机或VCU响应 ② 排查BMS控制逻辑
总电压过压二级	① 充电机或回馈功率不受控 ② BMS发的禁止充电标志或回馈功率错误	① 排查充电机或VCU响应 ② 排查BMS控制逻辑
总电压欠压一级	① VCU没响应允许放电功率 ② BMS计算允许放电功率错误	① 排查VCU响应放电功率 ② 排查BMS允许功率计算
总电压欠压二级	① VCU没响应允许放电功率 ② BMS计算允许放电功率错误	① 排查VCU响应放电功率 ② 排查BMS允许功率计算
单体电池电压偏差	BMS采集模组电压或单体电压采集误差大	排查BMS采集部分硬件
单体电池电压超限	AFE芯片损坏	更换硬件
单体电压采样断线	AFE芯片损坏	更换硬件
回馈电流过大一级	VCU不响应或不及时响应允许回馈电流	排查VCU策略

续表

故障内容	可能故障原因	故障检查
回馈电流过大二级	VCU不响应或不及时响应允许回馈电流	排查VCU策略
回馈电流过大三级	VCU不响应或不及时响应允许回馈电流	排查VCU策略
放电电流过大一级	VCU不响应或不及时响应允许放电电流	排查VCU策略
放电电流过大二级	VCU不响应或不及时响应允许放电电流	排查VCU策略
放电电流过大三级	电池包短路,外部负载不可控	排查负载
外接充电过流一级	①充电机响应电流错误 ②BMS检测电流误差大	①排查充电机输出与BMS请求电流是否一致 ②确认BMS电流精度
外接充电过流二级	①充电机响应电流错误 ②BMS检测电流误差大	①排查充电机输出与BMS请求电流是否一致 ②确认BMS电流精度
外接充电过流三级	①充电机响应电流错误 ②BMS检测电流误差大	①排查充电机输出与BMS请求电流是否一致 ②确认BMS电流精度
电流传感器零漂过大	霍尔传感器零漂大	更换霍尔传感器
极限过流	①电流检测故障 ②电池系统负载短路	①排查BMS电流采集硬件故障 ②确认负载是否短路
充电时大电流放电故障	①充电机响应电流错误 ②BMS检测电流误差大	①排查充电机输出与BMS请求电流是否一致 ②确认BMS电流精度
充电时小电流放电故障	①充电机响应电流错误 ②BMS检测电流误差大	①排查充电机输出与BMS请求电流是否一致 ②确认BMS电流精度
温度过高一级	①冷却系统失效 ②环境温度高 ③电池长时间大倍率放电	①确认冷却系统是否损坏 ②确认使用环境温度 ③确认是否大倍率长时间使用
温度过高二级	①冷却系统失效 ②环境温度高 ③电池长时间大倍率放电	①确认冷却系统是否损坏 ②确认使用环境温度 ③确认是否大倍率长时间使用
温度过高三级	①冷却系统失效 ②环境温度高 ③电池长时间大倍率放电	①确认冷却系统是否损坏 ②确认使用环境温度 ③确认是否大倍率长时间使用
温度过低一级	环境温度太低	确认使用环境
温差过大一级	①电池包环境温度温差过大 ②电池发热不均衡 ③冷却管道不畅	①确认环境温差 ②确认电池连接内阻是否过大 ③冷却管道故障
温差过大二级	①电池包环境温度温差过大 ②电池发热不均衡 ③冷却管道不畅	①确认环境温差 ②确认电池连接内阻是否过大 ③冷却管道故障
温差过大三级	①电池包环境温度温差过大 ②电池发热不均衡 ③冷却管道不畅	①确认环境温差 ②确认电池连接内阻是否过大 ③冷却管道故障
连接器温度过高一级	①连接器连接松动 ②电流中过流	检查连接器的连接
连接器温度过高二级	①连接器连接松动 ②电流中过流	检查连接器的连接
维修开关温度过高一级	①维修开关连接松动 ②电流中过流	检查维修开关的连接

续表

故障内容	可能故障原因	故障检查
维修开关温度过高二级	① 维修开关连接松动 ② 电流中过流	检查维修开关的连接
入水口温度传感器故障	温度采样线掉落或者温度传感器异常	检查入水口温度传感器接线
电池温度超限（不影响系统温度监控功能）	① 温度传感器短路或开路 ② BMS温度采集硬件损坏	① 确认温度传感器 ② 更换BMS
电池温度超限（影响系统温度监控功能）	① 温度传感器短路或开路 ② BMS温度采集硬件损坏	① 确认温度传感器 ② 更换BMS
单体电池温度传感器开路	AFE芯片损坏	更换硬件
单体电池温度传感器短路	AFE芯片损坏	更换硬件
高压继电器闭合，绝缘二级故障	绝缘防护失效，导致绝缘电阻值低	排查绝缘故障
高压继电器闭合，绝缘一级故障	绝缘防护失效，导致绝缘电阻值低	排查绝缘故障
高压继电器断开，绝缘二级故障	绝缘防护失效，导致绝缘电阻值低	排查绝缘故障
高压继电器断开，绝缘一级故障	绝缘防护失效，导致绝缘电阻值低	排查绝缘故障
绝缘双边电阻值过低故障	绝缘防护失效，导致绝缘电阻值低	排查绝缘故障
总正继电器粘连或预充继电器粘连	总正继电器或预充继电器粘连	更换继电器
总正继电器无法吸合	总正继电器失效	更换总正继电器
总负继电器粘连（上电初或下高压检测）	总负继电器粘连	更换总负继电器
总负继电器无法吸合	总负继电器失效	更换总负继电器
预充继电器无法吸合	预充继电器失效	更换预充继电器
快充继电器粘连	快充继电器粘连	更换快充继电器
快充继电器无法吸合	快充继电器失效	更换快充继电器
总正继电器老化	① 继电器闭合折算次数达到 ② 继电器粘连或失效	更换总正继电器
总负继电器老化	① 继电器闭合折算次数达到 ② 继电器粘连或失效	更换总负继电器
快充继电器老化	① 继电器闭合折算次数达到 ② 继电器粘连或失效	更换快充继电器
预充继电器老化	① 继电器闭合折算次数达到 ② 继电器粘连或失效	更换预充继电器
主正继电器动作时内外压差大	外部电压不稳定	检查外部附件
预充过流	① 负载短路 ② 没预充完启动负载	排查负载
预充短路一级	① 负载短路 ② 没预充完启动负载	排查负载
预充短路二级	① 负载短路 ② 没预充完启动负载	排查负载

续表

故障内容	可能故障原因	故障检查
预充失败（超时）	① 负载短路 ② 没预充完启动负载	排查负载
VCU故障响应超时	① VCU与BMS通信失效 ② VCU策略失效	① 排查通信 ② 排查VCU策略
热失控/温升过快	电池热失控	重新检测电池
SOH过低一级	SOH低	确认SOH是否正确
SOH过低二级	SOH低	确认SOH是否正确
SOC过低	SOC低	确认SOC是否为0
SOC过高	SOH高	确认是否过充
SOC存储失败	① BMS初始化故障 ② SOC修正	① 更换BMS控制单元 ② 确认故障
SOH存储失败	① BMS初始化故障 ② SOH修正	① 更换BMS ② 确认故障
高压回路开路	高压回路断开	检查总正、总负之间电压，排查断开位置
高压输出回路开路	检查主正继电器和主负继电器	检查主正继电器和主负继电器
初始供电电源电压低	12 V电压低	检查低压供电电源
碰撞故障	发生碰撞	检查硬件是否损坏
直流充电机与BMS功率不匹配	① 充电机不适用 ② BMS参数配置错误	① 充电机不适用于此车辆，或充电机参数错误 ② 排查参数设置合理性
充电桩引起BMS带载切断继电器	① 充电机不适用 ② VCU响应错误	① 充电机不适用于此车辆，或充电机参数错误 ② 排查VCU充电时的响应
电流传感器故障	① 供电断线 ② 与BMS通信断线	① 排查传感器供电及本身 ② 排查通信线
BMS通信故障	① 保险熔断器故障 ② 通信线短路或开路 ③ 供电断线	① 检查BMS相关通信软件 ② 检查BMS相关供电线 ③ 更换BMS控制单元
均衡电阻温度过高	① 均衡开关短路 ② 均衡时间过长	① 检查均衡开关开通时间 ② 更换BMS控制单元
BMS（芯片）均衡开关短路	均衡开关损坏	更换BMS控制单元
BMS过温一级	① 均衡通道开通过多 ② BMS芯片损坏	① 检查均衡开通通道数 ② 更换BMS控制单元
BMS过温二级	BMS芯片损坏	更换BMS控制单元
BMS模组电压采样失效	① 芯片HVMUX开关开路 ② BMS VBLK缓存器故障 ③ BMS VBLKP管脚开路	更换BMS控制单元
BMS单体温度采样失效	① BMS $AUXIN_n$管脚开路 ② BMS温度采样线断线	① 更换BMS控制单元 ② 检查单体温度采样线

续表

故障内容	可能故障原因	故障检查
BMS单体电压采样失效	① 奇数通道采集线断线 ② 偶数通道采集线断线 ③ MAX17823内部多路选通开关开路 ④ 单体测量管脚开路 ⑤ 单体测量管脚对SW$_n$短路 ⑥ 单体测量管脚漏电 ⑦ BMS VDDL管脚开路或短路 ⑧ BMS SHDNL管脚开路或短路	① 检查单体采样线束 ② 更换PCB控制单元
BMS采样失效	① 奇数通道采集线断线 ② 偶数通道采集线断线 ③ BMS控制单元内部多路选通开关开路 ④ 总压测量管脚开路 ⑤ 总压测量管脚短路 ⑥ 总压测量管脚漏电 ⑦ 控制单元内部芯片的VDDL管脚开路或短路 ⑧ 控制单元内部芯片的SHDNL管脚开路或短路	① 检测总压采样线束 ② 更换BMS控制单元
绝缘检测采集电压超限	① 采集回路断开 ② BMS检测故障	① 排查总正接线、总负接线是否正确 ② 更换BMS硬件
高压互锁开路	接插件没插或松动	排查高压接插件
高压互锁检测回路异常	接插件没插或松动	排查检测线束
高压互锁对地短路+ 高压互锁对电源短路	测量线短路或开路	排查检测线束
BMS非预期下电	供电断线或软件复位	不处理
BMS非预期重启	软件复位	不处理
CC2短地异常	CC2对地短路或接入电阻失效	排查CC2对地电阻值
EEPROM读写故障	EEPROM模块故障	更换BMS控制单元
FLASH读写故障	FLASH模块故障	更换BMS控制单元
RTC故障	RTC计数器损坏	更换BMS控制单元
主控温度检测通道1、2、3失效	主控温度检测通道1、2、3对电源短路或开路主控温度检测通道1、2、3对地短路	更换BMS控制单元
慢充CP信号S2开关失效	S2开关损坏（短路和开路）	更换BMS控制单元
慢充CP信号短路或开路	线束短路或者开路	排查CP线束
电池总压检测失效	① 电池总压检测回路开路或对地短路 ② 电池总压检测开关短路	排查继电器线圈驱动线束
总正电压检测失效	总正电压检测回路开路或对地短路，总正电压检测开关短路	排查继电器线圈驱动线束
充电电压检测失效	充电电压检测回路开路或对地短路，充电电压检测开关短路	排查继电器线圈驱动线束
高压检测电路开关失效	回路开关控制失效	更换BMS控制单元

续表

故障内容	可能故障原因	故障检查
绝缘检测电路失效	① 绝缘检测正桥臂检测回路开路或对地短路 ② 绝缘检测正桥臂检测开关短路 ③ 绝缘检测负桥臂检测回路开路或对地短路 ④ 绝缘检测负桥臂检测开关短路	更换BMS控制单元
正极继电器线圈开路	正极继电器高边驱动开路,正极继电器低边驱动开路	排查继电器线圈线束
正极继电器线圈对电源短路	正极继电器高边驱动对电源短路	排查继电器线圈线束
正极继电器线圈对地短路	正极继电器低边驱动对地短路	排查继电器线圈线束
负极继电器线圈开路	总负继电器高边驱动开路,总负继电器低边驱动开路	排查继电器线圈线束
负极继电器线圈对电源短路	总负继电器高边驱动对电源短路	排查继电器线圈线束
负极继电器线圈对地短路	总负继电器低边驱动对地短路	排查继电器线圈线束
直流充电继电器线圈开路	直流充电继电器高边驱动开路,直流充电继电器低边驱动开路	排查继电器线圈线束
直流充电继电器线圈对电源短路	直流充电继电器高边驱动对电源短路	排查继电器线圈线束
直流充电继电器线圈对地短路	直流充电继电器低边驱动对地短路	排查继电器线圈线束
预充继电器线圈开路	预充继电器高边驱动开路,预充继电器低边驱动开路	排查继电器线圈线束
预充继电器线圈对电源短路	预充继电器高边驱动对电源短路	排查继电器线圈线束
预充继电器线圈对地短路	预充继电器低边驱动对地短路	排查继电器线圈线束
唤醒VCU信号对电源短路	线束短路	排查线束
唤醒VCU信号对地短路	线束短路	排查线束

3.5 动力电池拆装操作

3.5.1 拆卸维修开关

按以下步骤拆卸维修开关。
(1) 关闭所有用电器,将车辆下电。
(2) 断开低压电池负极极夹。
(3) 拆卸后排座椅坐垫总成。
(4) 拆卸维修开关。
如图3-53所示,往上脱开维修开关红色解锁键;然后翻转维修开关,拆卸手柄,拆下维修开关。

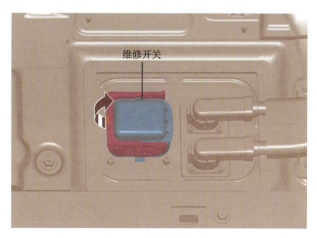

图3-53 拆卸维修开关

> **维修贴**
>
> 拆卸维修开关时,务必佩戴绝缘手套。
>
> 拆卸维修开关后,注意防护,不要触摸维修开关座裸露的高压部件,并用合适的绝缘工具遮挡维修开关座,防止异物或水进入。将维修开关放置在指定位置或工具箱中,遵守谁拆卸谁保管的原则。

3.5.2 保养和拆装动力电池

动力电池位于整车底盘下方,如图 3-54 所示,其主要由电池模组、电池箱体、辅助支架、电池管理系统、高低压电气系统(高压配电箱、高压铜排总成、低压线束总成),以及热管理系统(液冷板总成、水管总成)构成。图 3-55 为动力电池外观。动力电池总成零部件如图 3-56 所示。

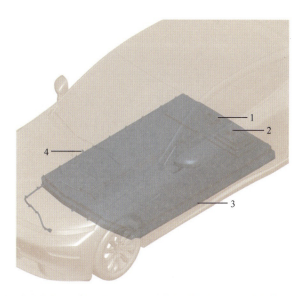

1- 动力电池线缆;2- 维修开关;3- 动力电池(电池包);4- 等电位铜排总成

图3-54 动力电池位于整车底盘下方

铜排(等电位铜排),又称铜母线、铜母排或铜汇流排、接地铜排,是一种大电流导电产品,适用于高低压电器。铜排是用铜制作的截面为矩形或倒角(圆角)矩形的导体。

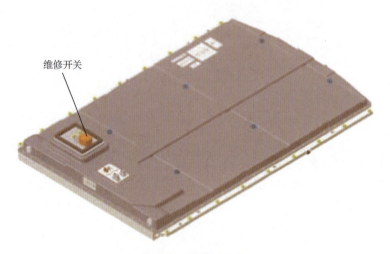

图3-55 动力电池外观

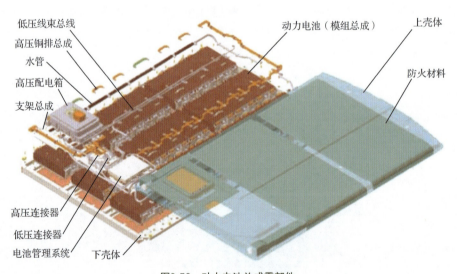

图3-56 动力电池总成零部件

1. 动力电池保养

动力电池保养检修内容及判定标准如表3-5所示。

表3-5 动力电池保养检修内容及判定标准

类别	作业项目	检验方法	判定标准	处理意见
外观检查	异味检查	鼻嗅	箱体周围无刺激性和烧焦等异味	隔离车辆,开箱排查
	箱体外部接插件检查	目测	箱体外部高压和低压接插件完好,无破损,且连接牢靠,无松脱	接插件破损或松脱时禁止现场检修,需联系电池专修组开箱排查,根据故障影响范围确定维修方案
	箱体与车架螺栓紧固	扭矩检测	复检螺栓扭力值是否在标准范围内。螺栓扭力值为70 N·m	重新锁紧划线
	下箱体检查	目测	① PVC不允许片状脱落 ② PVC脱落后露底面积不大于1 cm² ③ 无严重变形、破损	① PVC脱落时需补喷 ② 箱体变形或损伤程度严重时,应隔离电池包,联系电池专修组开箱检查,根据故障影响范围确定维修方案
	维修开关检查	目测	维修开关无变形或开裂,内部洁净,无污物	维修开关变形或开裂后,需由电池专修组开箱检查,根据故障影响范围确定维修方案
	检查水冷管进水口与出水口	目测	检查水冷管进水口与出水口是否有冷却液渗漏、接口变形或破损	肉眼可见明显渗液或接口变形、破损需联系电池专修组开箱检查,根据故障程度确定更换下箱体或电池总成
	上箱盖检查	目测	无裂纹,无破损,无严重变形	箱体或防爆阀开裂、破损严重
			防爆阀牢固,且外观良好	上箱盖变形时需由电池专修组开箱检查,根据故障程度确定更换上箱盖或电池总成
用故障诊断仪诊断	读取最高单体温度	借助故障诊断设备	静态的最高单体温度、温差、压差、总电压、绝缘阻抗、进水口与出水口温度(若有监控)等参数应符合该型号电池总成技术要求	根据售后服务故障诊断仪测试项目及判定标准,在读取到故障码后,先排查故障是否由电池本身导致,如锁定电池内部故障,需联系电池专修组开箱检查,根据故障程度确定更换零件或电池总成
	读取电池温差范围			
	读取电池压差范围			
	读取电池总电压			
	实测系统绝缘阻抗			
	读取进水口温度			
	读取出水口温度			
	确认软件版本		判断是否为最新版本	不符合就需要刷新软件(与整车软件匹配)
	读取电池故障代码		根据故障等级分级表判定故障等级	根据故障等级分级表确定处理方案
气密测试	气密性测试	气密性测试	气密检测设备	不达标需联系电池专修组开箱排查,根据气密失效原因和故障程度确定更换零件或电池总成
开箱检查	由电池专修组执行			

2. 动力电池主要拆卸事项

(1)关闭所有用电器,将车辆下电。

(2)断开低压电池负极极夹。

(3)拆卸维修开关。

(4)排放冷却液。

(5)拆卸前舱底部护板总成。

(6)拆卸前舱底部护板电池包安装支架总成。

(7)拆卸备胎池护板总成。

（8）拆卸备胎池护板电池包安装支架总成。

（9）拆卸左右后轮导流板。

（10）拆卸左右两侧裙板总成

（11）拆卸电池包，其步骤如下所示。

① 旋出电池包高压线束固定螺母 A（图 3-57）。

② 断开电池包高压线束连接插头 B（图 3-57）。

③ 脱开固定卡扣，揭开后座椅下隔音垫总成。

④ 旋出固定螺母，拆下检修口盖组件。

⑤ 旋出固定螺栓 A，拆下电池包高压接插件（图 3-58）。

⑥ 断开电池包低压连接插头 B、C（图 3-58）。

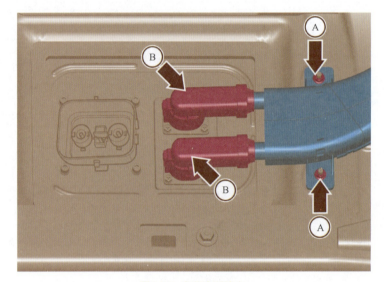

图 3-57　断开高压线束

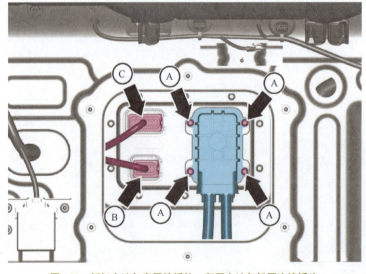

图 3-58　拆卸电池包高压接插件、断开电池包低压连接插头

⑦ 松开固定卡箍，断开电池出水管与电池包的连接。
⑧ 松开固定卡箍，断开出水管与电池包的连接。
⑨ 旋出固定螺栓，取出等电位铜排总成。
⑩ 使用电池包拆装工具支撑电池包。
⑪ 旋出电池包固定螺栓。
⑫ 调节电池包拆装工具，缓慢地放下电池包。

维修贴

（1）在车下操作，穿戴好安全帽、安全鞋和防护手套。
（2）使用动力电池拆装工具支撑电池包时，注意观察动力电池是否被稳定支撑。
（3）动力电池质量较重，将其移出整车时，严禁接近升降车，防止其侧滑掉落伤人。

3.安装动力电池

安装动力电池的程序以上述步骤的倒序进行，同时注意下列事项。
（1）按规定力矩紧固电池包固定螺栓。
（2）安装完成后，加注冷却液。

维修贴

如果因动力电池问题更换电池管理系统或者动力电池，就需要在电池管理系统控制器中重新写入VIN信息。根据故障诊断仪的提示，在电池管理系统的"参数写入"项中将相关信息逐一写入。

3.5.3 动力电池系统冷却液排空和加注

为避免动力电池内有残留冷却液和系统管路内有气阻，需要进行排空操作。
下面讲述用广汽埃安专用冷却液更换设备进行系统排空和冷却液加注的步骤。
（1）举升车辆，在车辆下方放置冷却液回收容器。
（2）拆卸发动机舱前下护板总成。
（3）如图3-59所示，拆卸冷却液加注口盖。
（4）如图3-60所示，断开电池出水管总成A、电池进水管总成B与电池组箱总成的连接，排放电池组箱总成与管路内的冷却液。排放完毕后，堵塞电池出水管总成A，将电池进水管总成B连接到电池组箱总成。
（5）为膨胀箱安装专用密封加注盖。将密封盖正确安装到位，避免因密封不严而漏气。
（6）将压缩气体管路连接到专用密封加注盖任一接头，使用压缩气体吹出系统内残留的冷却液。
（7）在冷却液排放完毕后，将电池出水管总成连接到电池组箱总成出水口，检查电池进水管是否连接牢固。
（8）断开压缩气体管路，拆下专用密封加注盖。
（9）加注冷却液，步骤如下所示。
① 将双排弹簧加注软管连接到专用密封加注盖。

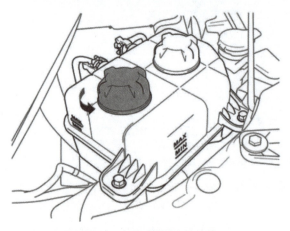

图3-59 拆卸冷却液加注口盖

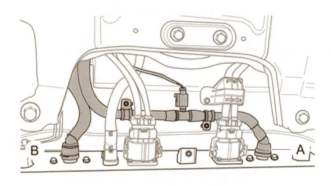

图3-60 断开电池出水管总成

释放压缩气体时,将回收容器贴近电池出水口,谨防冷却液喷溅。

② 将真空抽气管、冷却液加注管、硅胶注水软管连接到冷却液更换设备对应的抽气、加注、注水接口,将硅胶注水软管进水端放入盛有冷却液的容器内。

③ 连接冷却液更换设备并打开电源开关,加注冷却液。

④ 点击"SET"按钮,切换单位,点击上下调整按钮,设置加注量。点击"RUN/STOP"(运行/停止)按钮,启动定量控制模块,此时屏幕保持常亮。

⑤ 打开启动开关(绿色灯),主机开始对系统抽真空,当压力表读数达到 –90 kPa 时,抽真空自动停止,开始自动加注。定量控制显示屏显示冷却液瞬时加注速度与加注量,当加注到指定剂量的冷却液时,加注动作自动停止,显示屏变暗。

⑥ 打开复位开关(蓝色灯),主机内部管路压力恢复至大气压。打开缓冲罐下方的排水阀,可将管路残留的冷却液排放到外部。

⑦ 断开双排弹簧加注软管与专用密封加注盖的连接。

⑧ 拆卸专用密封盖,观察冷却液是否加注到所需的刻度,并对膨胀箱进行适量的补充。接下来,安装并拧紧加注盖。

第4章
充电系统认知与快修

4.1 充电系统认知

电动汽车充电系统主要由车载充电机、DC/DC 转换器、交流充电插座、直流充电插座、充电电缆等组成。它将从交流充电口传递过来的 220 V 交流电转换为高压直流电,为动力电池充电,与电池管理系统、整车控制器等控制器通信,实时上报充电状态。

电动汽车充电系统如图 4-1 ~ 图 4-3 所示。

图4-1 充电系统——两个充电插口(纯动力汽车)

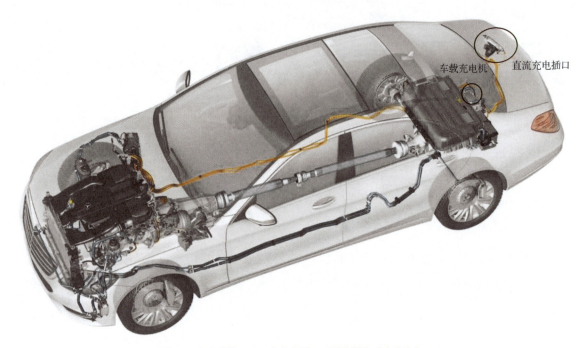

图4-2 充电系统——一个充电插口（插电混合动力汽车）

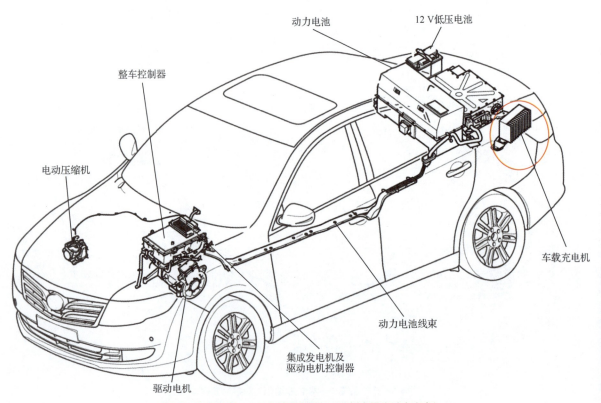

图4-3 充电系统——无外接充电插口（非插电混合动力汽车）

4.1.1 充电插口及外接设备

大部分纯电动汽车一般有交流和直流两种充电模式,以及三种充电方式——家用单相交流充电、充电桩单相交流充电、充电桩直流充电。充电接口大部分置于前部格栅位置和原来燃油汽车油箱盖位置的两侧,以及前翼子板的后侧位置。

位于燃油汽车油箱盖位置的充电接口如图4-4所示。在交流充电时,充电状态指示灯显示充电信息,如图4-5所示。

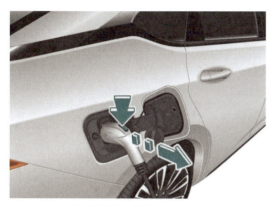

图4-4 位于燃油汽车油箱盖位置的充电接口

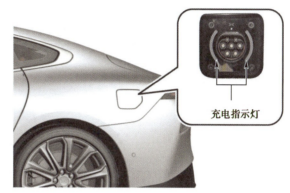

图4-5 交流充电接口及充电状态指示灯

> **维修贴**
>
> 图4-6所示为大众途观L插电式混合动力汽车包含指示灯的充电接口,充电状态指示灯信息如表4-1所示。

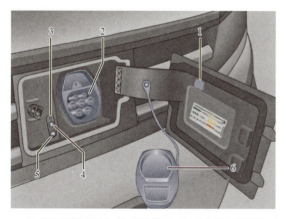

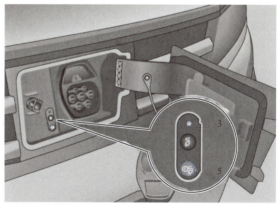

1- 高压充电口盖板;2- 充电插座;3- 充电状态指示灯;4- 立即充电按钮;5- 延迟充电按钮;6- 高压电池充电口保护盖

图4-6 包含指示灯的充电接口(大众途观)

表4-1 充电状态指示灯信息

高压充电口盖板上的标识牌	颜色信息识别	说明/措施
	绿色指示灯持续亮起	高压电池的充电过程已结束

续表

高压充电口盖板上的标识牌	颜色信息识别	说明/措施
(绿色脉动图形)	绿色指示灯脉动式亮起	高压电池正在充电
(绿色快速闪烁图形)	离开车辆后绿色指示灯快速闪烁	已通过信息娱乐系统设定延迟充电（出发时间），但尚未开始。此外，延迟充电按钮的指示灯亮起
(黄色闪烁图形)	黄色指示灯闪烁	将换挡杆置于P挡位置
(黄色持续亮起)	黄色指示灯持续亮起	虽然充电电缆已连接，但未识别到电网。检查供电或电源情况。使用随车充电电缆时，控制盒会显示电源状态
(红色持续亮起)	红色指示灯持续亮起	充电系统有故障

1. 家用单相交流充电

高压电池可使用家用的供电插座充电，供电插座应选用符合国家标准的家用插座，避免因大功率充电导致线路损坏和保护性跳闸，影响其他设备的正常使用。在使用前，必须检查相关电气系统是否有隐患。在使用家用充电桩充电时，请遵守设备操作说明，遵守使用交流电充电的操作规程。

维修贴

图4-7、图4-8所示为比亚迪元电动汽车交流充电接口及随车配送的充电连接装置。将车辆与家用220 V（50 Hz）的最大电流10 A的标准单相两极带接地插座相连，就可以为车辆充电。

图4-7　交流充电接口连接随车配送的充电连接装置

图4-8　随车配送的充电连接装置

2. 充电桩单相交流充电

这一方式指使用公共场所的交流充电桩或随车配送的充电桩为车辆充电。

> 图 4-9 所示为比亚迪元电动汽车的交流充电接口，位置在前保险杠格栅。图 4-10 红色圈内为交流充电接口，蓝色圈内为直流充电接口。
>
> 按下汽车左侧门上的开启充电口盖开关，就可以打开前格栅上的充电口盖；或者打开前舱盖，同时按下前格栅上面两侧的开启开关，就可以手动开启充电口盖。

图4-9　交流充电接口

图4-10　交流充电接口与直流充电接口位置

3. 充电桩直流充电

这一方式指使用公共场所的直流充电柜为车辆充电，充电柜一般安装在特定的充电站。

图 4-11 所示为比亚迪元电动汽车的直流充电接口，位置在前保险杠格栅。

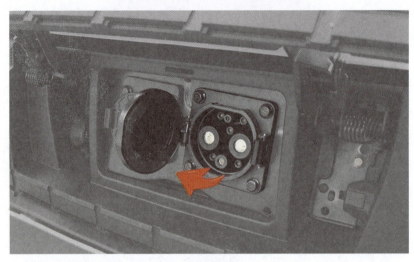

图4-11 直流充电接口

> **维修贴**
>
> 插电式混合动力汽车可以外接充电,但由于纯电驱动是辅助功能,同时受车内物理空间与成本等限制,所以混合动力汽车的动力电池体积小,容量也小,不宜使用直流快充系统充电,只能采用交流慢充系统充电。

交流慢充接口采用的是七针接口,直流快充接口采用的是九针接口。表 4-2 和表 4-3 为直流充电接口和交流充电接口标准定义。

表4-2 直流充电接口标准定义

序号	端针	定义	图示
1	DC-	直流电源负	
2	DC+	直流电源正	
3	PE	地线(车身搭铁)	
4	A-	低压辅助电源负极(连接非车载充电机,为电动汽车提供低压辅助电源)	
5	A+	低压辅助电源正极(连接非车载充电机,为电动汽车提供低压辅助电源)	
6	CC1	充电连接确认	
7	CC2	充电连接确认	
8	S+	充电通信CAN-H(连接非车载充电机与电动汽车通信)	
9	S-	充电通信CAN-L(连接非车载充电机与电动汽车通信)	

表4-3 交流充电接口标准定义

序号	端针	定义	图示
1	CP	控制导引	
2	CC	充电连接确认	
3	N	交流电源	
4	L	交流电源	
5	NC1	备用端子	
6	NC2	备用端子	
7	PE	地线（车身搭铁）	

4.1.2 车载充电机

现在的电动汽车大部分带有集成式车载充电机，如图4-12所示。车载充电机集成了DC/DC转换器和高压配电箱。有的车载充电机是一层布局，有的是上下两层布局，通常一层是车载充电机和DC/DC转换器，另一层是高压配电箱。有些低端电动汽车的车载充电机相对独立。高端电动汽车车载充电机的集成化程度大大提高。

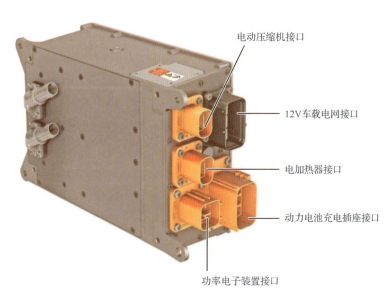

图4-12 车载充电机

充电路径如图4-13所示。充电及高压连接路径如图4-14所示。

1. 集成式车载充电机

> **维修贴**
>
> 交流充电是专门为车载充电机提供交流电源的，简单来说，交流充电只提供电力输出，没有充电功能，需要连接车载充电机，为电动汽车充电。

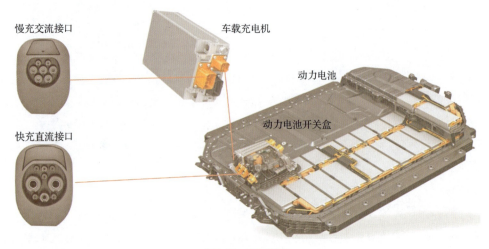

图4-13 充电路径

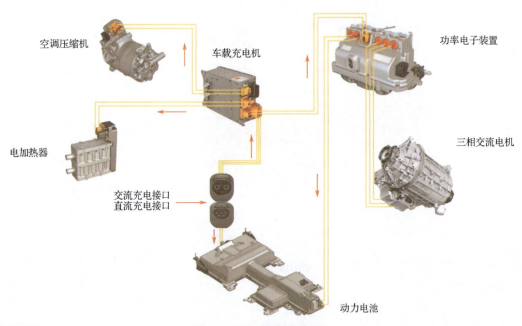

图4-14 充电及高压连接路径

> **维修贴**
>
> 现在电动汽车电动化系统高度集成化，图4-15所示为2021款宝马G8联合充电单元，其高度集成了以下软件、硬件和功能。
>
> （1）通过控制导线和邻近导线与充电装置通信。
> （2）通过电力线与充电设备通信。
> （3）对充电过程进行协调和监控。
> （4）与充电过程相关的车辆部件进行通信。
> （5）协调和监视高压车载网络中的高压电源管理。
> （6）将电能分配给电加热器和电动压缩机。
> （7）充电接口电子装置控制。
> （8）将三相交流电转换为直流电。

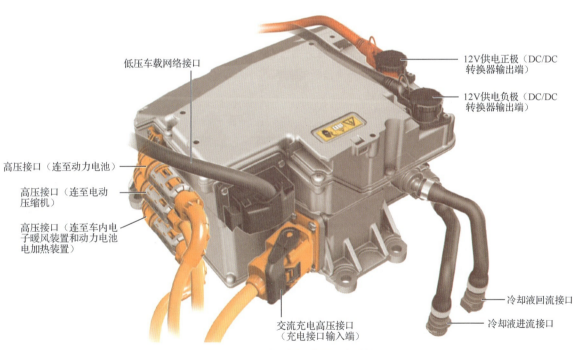

图4-15　2021款宝马G8联合充电单元

2. 单一车载充电机

图4-16所示为2016款帝豪电动汽车，其车载充电机和高压配电箱没有集成在一起，而是分开的。

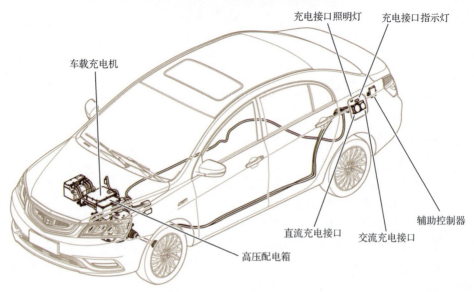

图4-16 2016款帝豪电动汽车

4.1.3 高压线束

1. 高压维修事项

电动汽车高压电很危险,动力电池电压高达350 V。在维修电动汽车时,最需要注意的就是高压安全防护。维修者必须严格依规执行高压电安全操作规范,做好高压触电防护(例如,穿标准的电工绝缘制服,戴护目镜,穿绝缘鞋,戴绝缘手套),在维修前必须执行高压断电程序。

图4-17所示为纯电动汽车高压系统。

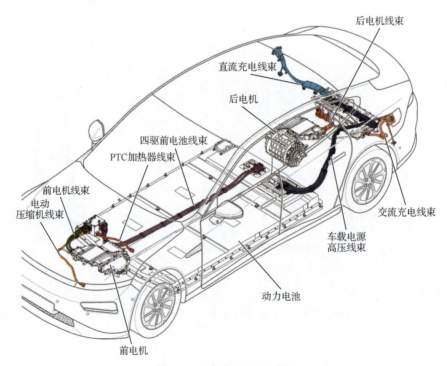

图4-17 纯电动汽车高压系统

2. 高压线束作用

高压线束是高电压、大电流的电缆,是指整车的橙色线束,从整车底盘位置的动力电池开始,沿着地板加强件一侧,延伸到发动机舱内,用于连接动力电池、电机控制器、PTC 加热器、车载充电机总成、电动压缩机等大功率电气设备。充电系统高压电路连接如图 4-18 所示。

充电高压线束有 3 条或 2 条,即交流充电插座线束(慢充)、直流充电插座线束(快充),有的还有备用充电线束。

(1)高压线束的正极和负极均与车身绝缘,以确保高压电路的安全性。

(2)高压线束被橙色绝缘层覆盖,有助于维修技师快速辨识出高压线束。

(3)高压线束中的高压接插件具有互锁开关结构,以便整车控制器可以检测到高压接插件是否连接到位。

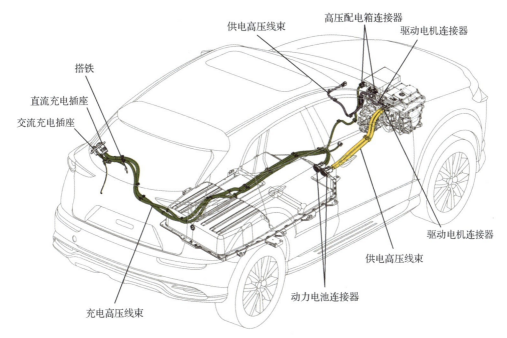

图4-18 充电系统高压电路连接

3. 高压线束特点

高压线束主要用来将动力电池与各高压用电器连接,实现高压用电器取电及给动力电池充电的功能。

(1)电动汽车工作电压高,几乎都在 300 V 以上。高压线束承载过大的电流,线径有 50 mm²、35 mm²、4 mm²、3 mm² 和 2.5 mm² 几种。

电动汽车乘用车额定电压一般为 600 V(AC)/900 V(DC),商用车额定电压一般为 1000 V(AC)/1500 V(DC),其高压部件工作电流常为 250 A,部分大功率电机电流可达到 400 A。

(2)高压线束耐压与耐温等级性能远高于低压线束等级,所有高压接插件都需达到 IP67 防尘防水等级。其绝缘性能更是非常高标准的。

(3)因为高压已超出人体安全电压,所以车身不可做搭铁点,高压直流回路必须严格执行双轨制。

(4)高压线的自屏蔽性能非常好。为避免电磁干扰,整个高压系统均由屏蔽层包覆。

为避免自身产生的电磁干扰影响到其他部件,高压线束采用带有屏蔽功能的线缆,CAN 总线也是如此。

高压线屏蔽层为镀锡铜编织网,覆盖密度不小于85%,绝缘电阻大于500 ΩV,耐电压2500 V(DC),工作温度范围为 –40 ~ 125℃。高压线束每个接口均采用屏蔽处理,前后电机接口处为屏蔽卡环与电气盒导轨压接,控制器及动力电池接插件采用有屏蔽功能的结构件。

4. 高压接插件

(1) 弹性保持锁片式接插件。

这类接插件的保持锁片有弹性,插入到位时锁片会自动弹出锁止到位。图 4-19 所示为方形接插件,拆卸时,按图示的位置,推动锁片并同时按下卡扣,再拔出接插件。图 4-20 所示为圆形接插件,注意在安装时红色卡点要朝正上方;拆卸时,朝分离方向推动圆形锁止结构到底并同时拔出接插件。

图4-19 弹性保持锁片式接插件——拆卸时

图4-20 弹性保持锁片式接插件——安装时

(2) 杠杆扳手式接插件。

图 4-21 所示为杠杆扳手式接插件,这类接插件带有一个杠杆扳手,用于辅助接插。在操作这类接插件时需要注意先将扳手打开到底,对准扳手上的导向孔插入接插件,再推扳手。在推入扳手时,应该匀速用力,避

免用力过猛,导致扳手断裂。

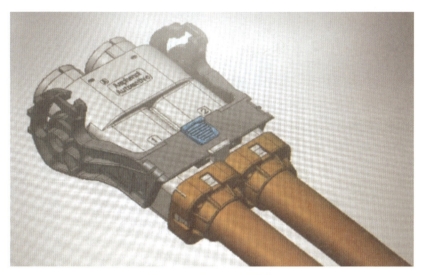

图4-21 杠杆扳手式接插件

(3) DC/DC转换器、车载充电机接插件。

DC/DC转换器、车载充电机接插件的拆卸按图4-22~图4-24所示的顺序进行操作。

图4-22 拆卸DC/DC转换器、车载充电机接插件(1)

图4-23 拆卸DC/DC转换器、车载充电机接插件(2)

图4-24 拆卸DC/DC转换器、车载充电机接插件(3)

4.2 充电系统控制

4.2.1 纯电动汽车电源

纯电动汽车电源系统主要由集成电源系统、低压电池、传感器等组成。电源系统将整车高压电转换为整车低压装置需要的低压电,并在低压电池电压低时为其充电。

图 4-25 为电动汽车电源简图。动力电池的电能通过 DC/DC 转换器转换为 12 V 低压电源,为 12 V 低压电池和灯光、车窗、喇叭、仪表等车身电器供电。

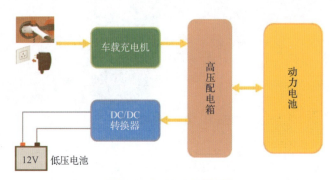

图4-25　电动汽车电源简图

纯电动汽车不需要启动机,因为纯电动汽车没有发动机,而是由电机直接输出动力。

纯电动汽车也不需要交流发电机。传统发动机汽车的交流发电机利用汽车发动机皮带,带动其转动发电;纯电动汽车采用 DC/DC 转换器,为低压电池充电,这样就省去了交流发电机。

> **维修贴**
>
> 高度集成是电机驱动系统发展的必然趋势。现在主流的电动汽车基本使用将 DC/DC 转换器、车载充电机和高压配电箱集成在一起的高压系统"三合一"电源。
>
> 电动汽车最初的电动化系统都是独立的部件,不存在集成式设计,其电机、逆变器(DC/AC)、减速器、充配电系统等部件均单独布置,各部件靠线束连接即可。
>
> 最初的集成方式主要基于车载电源方面,把车载充电机、DC/DC 转换器与逆变器集成在一起,之后慢慢地将逆变器从车载电源中剥离出来,与电机及减速器(电机控制器)集成,组成电机驱动总成,即逆变器、电机和减速器"三合一"的集成电机驱动模块或系统。

4.2.2 混合动力汽车电源

混合动力汽车除了有驱动电机,还有纯燃油汽车使用的发电机,这样就有两个电机。低压电气系统由 12 V 低压电池、DC/DC 转换器和发电机共同提供电源。DC/DC 转换器现在基本都集成化了,单独的很少。独立的 DC/DC 转换器如图 4-26 所示。有些车的 DC/DC 转换器与电机控制器集成在一起。

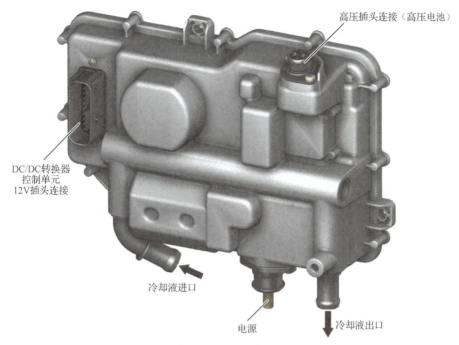

图4-26 DC/DC 转换器

4.2.3 直流充电

直流充电,即快充。直流充电流量传递路径如图 4-27 所示。当充电枪连接到整车直流充电插座时,直流充电设备向电池管理系统发送充电唤醒信号,电池管理系统开始工作并进行自检。如果自检无异常,同时接收到充电连接确认信号及充电信号,电池管理系统就闭合快充继电器和主负继电器,开始充电。充电完成后,电池管理系统向充电桩发送停止充电指令,待充电桩停止充电后,电池管理系统切断快充继电器、主负继电器,充电结束。基本上,电动汽车充电一小时可充电 80% 以上。

维修贴

充电插座内置温度传感器,用于采集直流充电座温度。当充电座温度超过95℃时,电池管理系统将充电电流设为当前值的1/2;当充电座温度超过105℃时,电池管理系统发送停止充电命令,然后按充电流程断开继电器,停止充电。在充电时,如果采集不到充电座温度,就禁止充电。

图4-27 直流充电流量传递路径

车辆直流充电是通过直流充电桩充电,直接传输高压直流电给动力电池充电。

图 4-28 所示为广汽埃安 VE 直流充电控制过程。

(1) 将直流充电枪连接到直流充电插座,动力电池通过测量 CC2 电阻值,判断直流充电插头与插座完全连接后,通过 CAN 总线将信息传递给整车控制器,整车控制器使车辆处于不可行驶状态。

(2) 操作人员对直流充电桩进行充电设置后,直流充电桩通过检测 CC1 电压值判断直流充电插头与插座是否完全连接。

(3) 直流充电桩检测到直流充电插头与插座已完全连接后,进行绝缘检测;在绝缘检测完成后,通过 S+ 和 S- 与动力电池进行通信。

(4) 通信正常且无故障,直流充电桩使直流供电回路导通,车辆开始直流充电。

(5) 在充电阶段,动力电池向直流充电桩实时发送电池充电需求参数,直流充电桩根据电池充电需求参数实时调整充电电压和充电电流。

(6) 整车控制器在充电过程中检测充电插头与插座插合处温度,在温度过高时限制充电电流,在情况严重时停止充电,以保证充电过程的安全。

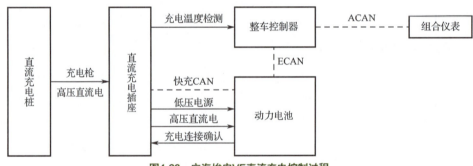

图4-28 广汽埃安VE直流充电控制过程

4.2.4 交流充电

交流充电,即慢充。交流充电流量传递路径如图 4-29 所示。在交流充电中,整车控制器被车载充电机唤醒。当接收到车载充电机发出的交流充电连接确认信号(CC、CP)、电池管理系统发出的高压互锁状态为闭合、SOC<100%,以及车辆电子驻车制动(EPB)或 P 挡锁止时,整车控制器向电池管理系统发送允许充电信号,于是电池管理系统同时闭合主正继电器与主负继电器,开始充电。充电开始后,当电机控制器接收到整车控制器的交流充电命令后,内部的 DC/DC 转换器开始工作,为 12 V 低压电池充电。充电完成后,整车控制器停止 DC/DC 转换器的工作,然后向电池管理系统发送断开主继电器命令,充电结束。

如果有独立的分线盒,那么交流充电流量传递路径如图 4-30 所示。在车辆处于交流充电模式下,辅助控制模块(ACM)检测交流充电接口的连接确认信号并唤醒电池管理系统,电池管理系统唤醒车载充电机并发送充电指令,同时闭合主继电器,为动力电池充电。

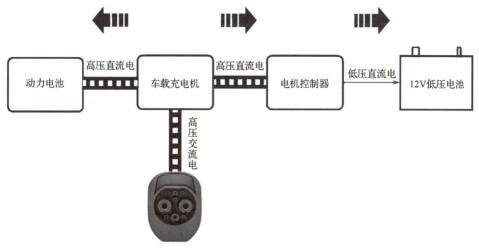

图4-29 交流充电流量传递路径

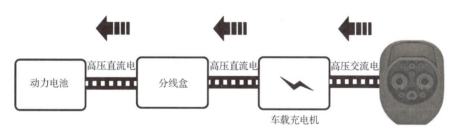

图4-30 交流充电流量传递路径（独立分线盒）

交流充电是将公共电网的交流电能传递给车载电源系统，车载电源系统将交流电变换为直流电，并为动力电池充电。

1. 交流充电枪充电控制过程

图4-31所示为广汽埃安VE交流充电枪充电控制过程。

（1）将交流充电枪连接到交流充电插座，集成电源系统通过测量CC端与PE端之间的电阻值来判断交流充电插头与插座是否完全连接。整车控制器接收到完全连接的信号后，控制电子锁闭合，锁定车辆充电插头并在整个充电过程中保持这一状态。

（2）集成电源系统检测到交流充电插头与插座已完全连接，开始自检，在自检完成、没有故障，并且动力电池处于可充电状态时，集成电源系统闭合内部开关，车辆准备就绪。

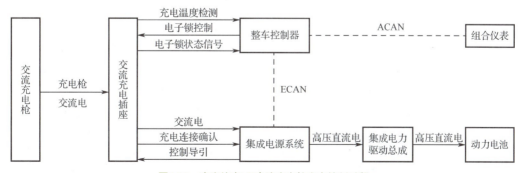

图4-31 广汽埃安VE交流充电枪充电控制过程

（3）充电枪一端连接交流电网后，内部控制装置进行自检，在自检无故障后测量CP端电压值，判断车辆是否准备就绪。在检测到车辆准备就绪后，内部接触器闭合，使交流供电回路导通，车辆进入充电状态。

（4）在充电过程中，集成电源系统周期性检测CC端和CP端信号，确认充电连接状态，并根据CP端占空比实时调整直流电输出功率。

（5）整车控制器在充电过程中检测充电连接处温度，在温度过高时限制充电电流，在情况严重时停止充电，以保证充电过程的安全。

2. 交流充电桩充电控制过程

（1）将交流充电桩连接到交流充电插座，集成电源系统通过测量CC端与PE端之间的电阻值来判断是否连接良好。

（2）集成电源系统检测到连接良好，就开始自检，在自检完成、没有故障，并且动力电池处于可充电状态时，集成电源系统闭合内部开关，车辆准备就绪。

（3）充电桩刷卡充电，集成电源系统向整车控制器上报无故障，可正常充电；整车控制器下指令开始充电，电子锁闭合。

（4）在充电过程中，集成电源系统周期性检测CC端和CP端信号，确认充电连接状态，并根据CP端占空比实时调整直流电输出功率。

（5）整车控制器在充电过程中检测充电连接处温度，在温度过高时限制充电电流，在情况严重时停止充电，以保证充电过程的安全。

3. 充电锁

充电锁在交流充电时有电子锁止的功能，防止带电插拔充电枪，同时起到防盗作用。充电锁功能如图4-32所示。如图4-33所示，电子锁安装在充电插座上，通过控制圆柱锁杆的伸缩来实现上锁及解锁功能。

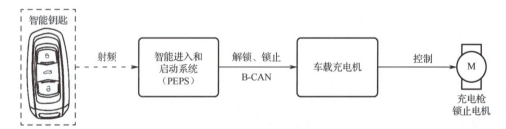

图4-32 充电锁功能示意图

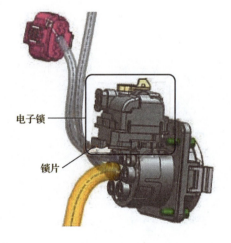
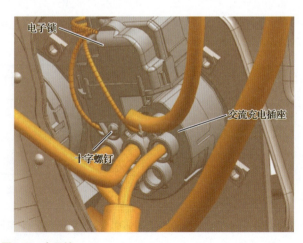

图4-33 电子锁

（1）上锁：插入充电枪，自动上锁。

（2）解锁：

① 在整车处于 OFF 挡的前提下，按遥控钥匙解锁按钮，实现解锁。

② 整车处于 ON、READY 挡时，可通过中控锁解锁。

③ 当用钥匙解锁失效时，如图 4-34 所示，可通过拽解锁钢丝实现解锁。

4.2.5 内部充电

图4-34　交流充电盖与插头应急解锁

充电系统可分为外接充电系统与内部充电系统。外接充电系统包括快充充电和慢充充电；内部充电系统包括低压充电和智能充电，以及后边要讲的制动能量回收。

充电电气原理如图 4-35 所示。

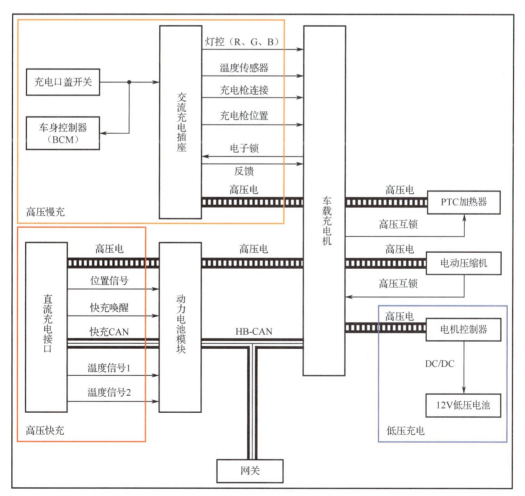

图4-35　充电电气原理

在高压上电前，低压电路系统依赖 12 V 低压电池供电；在高压上电后，电机控制器内置的 DC/DC 转换器将动力电池输出的高压直流电转换成低压直流电，为 12 V 低压电池充电，并充当辅助低压电源。低压充电流量传递路径如图 4-36 所示。

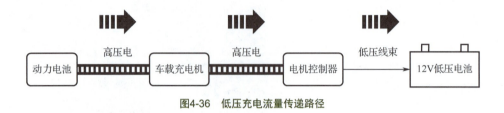

图4-36　低压充电流量传递路径

维修贴

图 4-37 为欧拉电动汽车低压充电路径。图 4-38 所示为欧拉电动汽车低压充电原理。

动力电池的高压直流电经过高压配电箱到达 DC/DC 转换器，由 DC/DC 转换器将高压直流电转换成 12 V 左右的低压直流电，给 12 V 低压电池充电。

图4-37　欧拉电动汽车低压充电路径

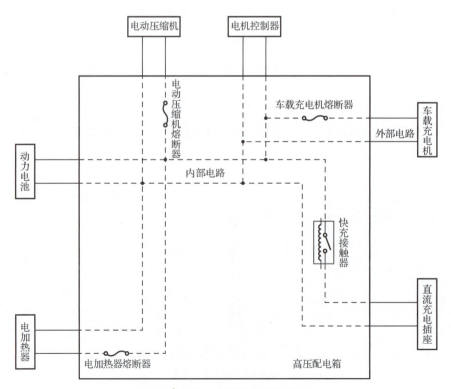

图4-38　欧拉电动汽车低压充电原理

4.2.6 智能充电

车辆长期停放容易造成低压电池馈电，低压电池严重馈电将会导致车辆无法启动上电。为避免这一问题，设计师为电动汽车开发了智能充电功能。当低压电池电压低于设定值时，电池管理系统向整车控制器发送智能补电请求，如果整车控制器收到电源挡位处于OFF挡，并判断四门两盖处于关闭状态，就向电池管理系统发送闭合主继电器指令，主正继电器、主负继电器闭合之后，DC/DC转换器开始为低压电池充电。智能充电流量传递路径如图4-39所示。

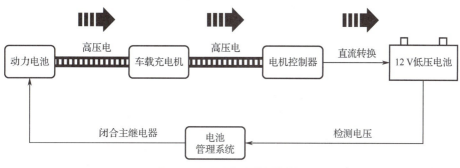

图4-39 智能充电流量传递路径

4.2.7 能量回收

车辆在滑行或制动时，整车控制器通过采集状态数据，推算所需的制动扭矩并发给电机控制器。此时，电机从工作模式转换为发电模式，向动力电池充电。制动能量回收传递路径与能量消耗相反，如图4-40所示。

图4-40 制动能量回收传递路径

在制动能量回收过程中，电机消耗车轮旋转的动能，产生交流电，将其输出给电机控制器，电机控制器将交流电转换成直流电，为动力电池充电。

> **维修贴**
>
> 宝马纯电动汽车iX3G08能量回收系统中集成动态稳定控制系统（DSCi），借助线控动技术，让驾驶员与制动液压系统互不干扰。这样一来，就可以在制动能量回收方面实现最高效率。图4-41所示为能量回收制动时的信号流传递路径。

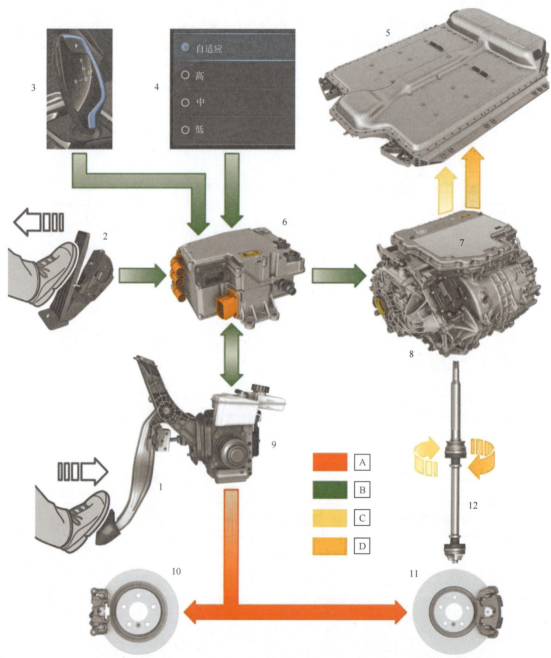

图4-41 能量回收制动时的信号流传递路径

A- 液压制动；B- 信号流；C- 可以设置的制动能量回收（少量制动能量回收）；D- 可以设置的制动能量回收（大量制动能量回收）；1- 制动踏板；2- 加速踏板；3- 选挡开关；4- 中央信息显示器中的设置菜单（娱乐系统显示屏设置菜单）；5- 高压电池（动力电池）；6- 联合充电单元（集成车载电源）；7- 电机电子装置（电机控制器）；8- 电力驱动单元；9- 集成动态稳定控制系统；10- 前部制动器；11- 后部制动器；12- 输出轴

4.3 充电系统故障诊断

交流充电口由交流充电高压线束连接到车载充电机,车载充电机有正负直流充电高压线束连接到动力电池。在充电时,车载充电机将交流充电桩输出的220 V交流电转换成直流电,为动力电池充电。

图4-42所示的车型支持交流充电(含预约充电)、交流放电与直流充电。该车型交流放电口与交流充电口共用,将电池高压直流电通过车载充电机转换为220 V交流电,通过放电枪输出。直流充电口由直流充电高压线束连接到动力电池;在充电时,电池管理系统与直流充电桩进行交互,直流充电桩输出直流电,为动力电池充电。

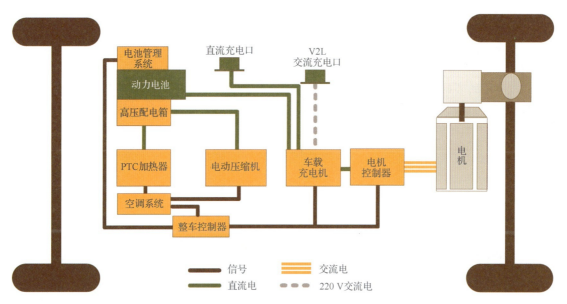

图4-42 充电系统示例

电动汽车高压部件主要功能如表4-4所示。

表4-4 电动汽车高压部件主要功能

部件	代号	主要功能
整车控制器	VCU	控制纯电系统状态,包括高压下电、高压上电、交流充电、直流充电等
动力电池	EV Battery	①为电动系统提供能量 ②动力电池包内有继电器组,可以切断动力电池对外连接
电池管理系统	BMS	①动力电池安全监控,包括过流、过压、过温 ②动力电池SOC估计、SOH估计、SOP估计 ③继电器组控制 ④交流充电和直流充电控制
车载充电机	OBC	①识别交流放电枪,接收交流充电口的单相交流电,将其转换为与动力电池匹配的高压直流电,为动力电池充电 ②识别交流放电枪,有些高配车型能将动力电池高压直流电转换为家用220 V交流电

续表

部件	代号	主要功能
DC/DC转换器	DC/DC	①将输入端的高压直流电转换为低压直流电，为低压电池充电，为低压负载供电 ②动力电池高压直流电经过高压配电箱进入DC/DC转换器转换模块的变压器，通过内部门极驱动开关电路，将高压直流电转成脉冲波，通过脉冲宽度调制（PWM）控制器调节脉冲波（方波）的占空比，以此来调节变压器的输出电源，然后经过整流电路输出低压直流电，向低压电池和低压用电设备提供电源。将输出的电压和参考电压进行比较，如果实际输出的电压与参考电压相比误差较大，控制器就驱动门极开关，调节占空比，进而调节输出的电压
电动压缩机	Compressor	提供制冷动力
PTC加热器	PTC	电加热装置，水暖，用于低温时乘员舱的制热
空调系统	HVAC	控制电动压缩机和PTC加热器工作

1. 检测和诊断原则

借助故障诊断仪进行故障诊断和排除是常用的一种手段，通过读取故障诊断仪显示的数据流和故障信息，获取开关和传感器及其他故障信息，可使故障排除少走不少弯路。尤其在线路问题上，通过故障诊断仪获取故障信息或故障码后，根据实际情况分析判断可能的故障点，然后用万用表等设备进行检测，确认故障并进行维修。

先从检查易于接触或能够看到的系统部件入手，查明是否有明显损坏或可能导致故障的情况。例如，线路连接器接头和电气其他零部件、熔断器、搭铁点等都是检查的主要部位。对于可能由于振动、腐蚀、暴露等直观可见的原因造成故障的情况，需要优先排除。下面我们重点讲述利用检测手段确定和排除车载充电系统的相关线路故障。

2. 检查电压异常故障

如果故障诊断结果显示系统过压或者欠压、12 V常电电压过高或者过低，这样电压就会超过16 V且成为永久性故障，重点检查供电电压和12 V低压电池过压或电路情况。在排除12 V低压电池和熔断器出问题的情况下，需要对充电系统进行进一步检查。

维修贴

> DC/DC转换器集成在车载充电机中，用检测DC/DC转换器的相同方法可以进行类似的故障检测。如果DC/DC转换器硬线唤醒输入信号端是BD11/1端子，那么检测DC/DC转换器线束电源电路，就是检测BD11/1端子与汽车接地之间的电压。

如果检测电源和接地线路没有问题，那么这种过压或者欠压、12 V常电电压过高或者过低的问题基本出在车载充电机本身。车载充电机属于集成电源总成，只能通过更换该总成来解决。集成电源总成更换后需要进行电脑配置学习。

3. 检查车载充电机的CAN通信

可能的故障点：

（1）车载充电机故障。

（2）CAN总线故障。

如果故障诊断仪检测结果显示ECAN关闭，故障点就比较明确，可将其范围缩小到CAN总线来确定是零部件故障还是CAN总线故障。

> **维修贴**
>
> 如果检测没有问题，就应继续检查车载充电机的供电接地导线是否正常。如果供电接地导线也没有问题，就更换车载充电机来解决"ECAN 关闭"这个故障。

4. 车载充电机与整车控制器丢失通信故障

可能的故障点：

（1）整车控制器故障。

（2）CAN 总线故障。

> **维修贴**
>
> 如果检测上述方面没有问题，就应继续检查整车控制器的供电接地导线是否正常；如果供电接地导线也没有问题，就更换整车控制器来解决。

5. 车载充电机与电池管理系统丢失通信故障

可能的故障点：

（1）电池管理系统故障。

（2）CAN 总线故障。

> **维修贴**
>
> 车载充电机接上交流电后，并不是立刻将电能输出给电池，而是先通过电池管理系统对电池的状态进行采集和分析判断，进而调整车载充电机的充电参数。车载充电机的主要参数有输入电压范围、输出电压范围、充电功率和变换效率。

6. 车载充电机与网关丢失通信故障

可能的故障点：

（1）中央网关模块故障。

（2）CAN 总线故障。

> **维修贴**
>
> 如果检测上述方面没有问题，就应继续检查中央网关控制器的供电接地导线是否正常；如果供电接地导线也没有问题，就更换中央网关控制器来解决。更换中央网关控制器后，需要对其进行配置写入和标定操作。

7. CC、CP 异常故障

（1）可能的故障点。

① 充电枪故障或者车载充电机检测电路异常。

② 充电桩故障。
（2）检查要点。
检查交流充电口是否有异物，充电枪连接是否正确。

> **维修贴**
>
> 充电插头是采用电阻编码的，CC 端可识别车辆充电电缆的功率级（每相的最大电流负载能力）。因此，需要在充电插头内的电路加装电阻，车载充电机通过这个电阻来识别额定充电电流。CC 端还具有连接确认功能。

电动汽车要完成整个交流充电流程，除要有 CC 端的充电枪连接确认信号之外，还要有 CP 端的充电控制信号。当车载充电机接收到充电枪连接信号和控制导引信号之后，才会给电池管理系统发送充电连接信号，开始充电。

8. 高压互锁异常故障

在充电过程中，整车处于高压状态。如果出现高压互锁故障，电池管理系统就停止向充电桩请求输出，同时切断整车高压回路，进行下电处理。

（1）可能的故障点。
① 充电回路互锁断开，交流连接器或直流连接器连接异常。
② 充电桩问题。
③ 车载充电机故障。
（2）检查要点。
① 检查交流连接器或直流连接器连接是否良好。
② 检查交流充电枪或直流充电枪连接是否正常。
③ 检查车载充电机高压互锁回路是否短路或开路。

> **维修贴**
>
> 高压互锁回路是一条低压回路，常见电压为 12 V，其是否连通是由整车控制器等控制器根据检测硬线的电平高低来确认的。该回路通过检测控制器的内部芯片检测电路。
>
> 将车辆上电后，进行回路检测。整车控制器吸合高压互锁继电器，由 12 V 低压电池发起。根据回路中的高压器件前后布置情况，经过各个器件节点，将整车控制器作为检测末端，对输入的电平进行检测。当输入电压为 12 V 时，整车控制器认为整车高压互锁正常。如果检测到的电压较低或为 0，整车控制器就认为高压互锁异常，有接触不良或断开的故障。

9. 无法启动充电故障

（1）可能的故障点。
① 停电或已充满电。
② 充电电缆连接不良。
③ 处于预约充电模式。

（2）检查要点。

① 检查电网是否有电；确认充电电缆连接牢固，重新充电。

② 将预约充电模式设置为立即充电模式。

10. 充电中途停止故障

（1）可能的故障原因。

① 充电线缆松脱。

② 互锁引脚开路。

③ 电网故障。

（2）检查要点。

① 将车辆下电后，安装好线束，重新充电。

③ 确认接插件是否安装牢固，重新安装接插件。

4.4 充电系统维修与操作

4.4.1 冷却管路拆卸

各种车载电源的外形有所不同，但都需要冷却，在结构上都存在冷却管路，有些线路和管路交集，要规范操作。下面以某款纯电动汽车的车载电源为例，进行讲解。如图4-43所示，拆卸水管时，在水管下方铺上毛巾。断开冷却水管，用毛巾接收流出的冷却液，防止打湿其他部件。当冷却液不再流出时，拿开毛巾，将水管插入出水侧，防止异物进入。

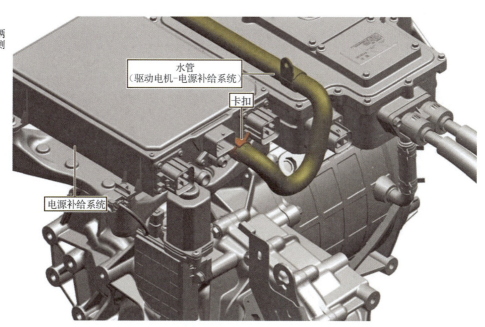

图4-43　拆卸水管

4.4.2 拆卸高压线束连接器

如图 4-44 所示,断开高压线束连接器后,戴上绝缘手套,用电工胶带包裹端子,以使其绝缘。

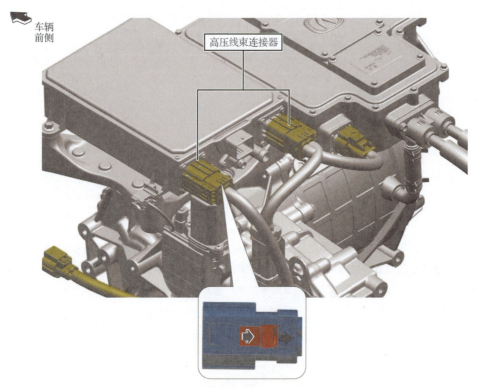

图4-44 高压线束连接器(插头)

4.4.3 拆卸直流充电线束

拆卸直流充电线束步骤如下:
(1)打开右充电口盖。
(2)关闭所有用电器,将车辆下电。
(3)断开低压电池负极极夹。
(4)拆卸维修开关。
(5)拆卸行李箱盖板总成。
(6)拆卸行李箱内门槛饰板总成。
(7)拆卸行李箱右饰件总成。
(8)拆卸直流充电线束。

如图 4-45 所示,旋出充电线束塑料支架固定螺母(A);断开集成式车载电源连接插头(B);脱开固定卡扣,拆下充电线束塑料支架。接下来,拆下直流充电线束及充电插座。拆卸直流充电插座如图 4-46 所示。

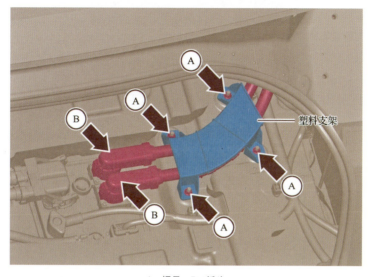

A—螺母；B—插头

图4-45　拆卸充电线束塑料支架

图4-46　拆卸直流充电插座

4.4.4　拆卸车载电源高压线束

1. 拆卸外围零部件

（1）关闭所有用电器，将车辆下电。

（2）断开低压电池负极极夹。

（3）拆卸维修开关。

（4）拆卸后排座椅左侧侧翼总成。

（5）拆卸后排座椅左侧靠背总成。

（6）拆卸行李箱盖板总成。

（7）拆卸行李箱内门槛饰板总成。

（8）拆卸行李箱地毯总成。

（9）拆卸行李箱左饰件总成。

（10）拆卸左后内门槛饰板总成。

2. 拆卸车载电源高压线束

断开相关接插件。例如，断开车载电源高压线束与集成式车载电源连接器（插头）。断开车载电源高压线束与动力电池连接器的连接。连接动力电池的高压连接器的物理形态有所不同，但也是互锁插头。

> **维修贴**
>
> 图4-47所示为马自达CX-30EV高压连接器，戴上绝缘手套，断开高压连接器与动力电池的连接。

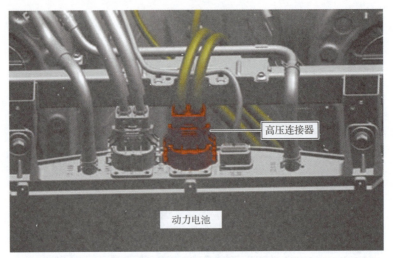

图4-47　马自达CX-30EV高压连接器

第5章 配电系统认知与快修

5.1 配电系统认知

5.1.1 高压配电系统组成

电动汽车高压配电系统由动力电池为电机控制器、驱动电机、电动压缩机、PTC加热器等高压部件提供能量。此外,动力电池还有直流快充充电系统和交流慢充充电系统。所有的这些高压部件都由高压配电系统连接输送电能。高压配电系统——高压线束如图5-1所示。

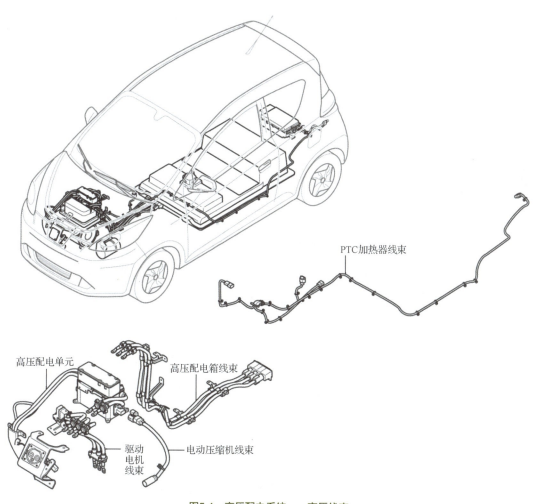

图5-1 高压配电系统——高压线束

5.1.2 高压配电箱

1. 高压配电箱结构

高压配电箱也叫电源分配单元,是高压系统分配单元,电流从这里的高压线端分配并传输给各个高压用电器。

现在电动汽车高压系统集成化程度越来越高,独立式高压配电箱其实已经不多。集成式"三合一"车载电源包括车载充电机、DC/DC 转换器、高压配电箱。高压配电箱如图 5-2、图 5-3 所示。

图5-2 独立式高压配电箱

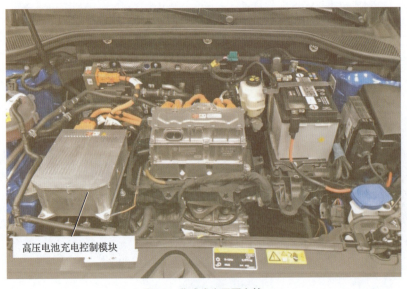

图5-3 集成式高压配电箱

图 5-4 为江淮 iEV7S 高压配电箱布局。

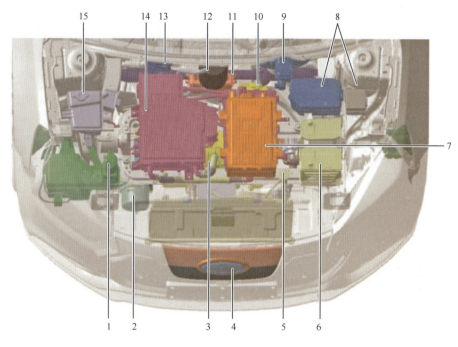

1- 洗涤液加注口；2- 电动压缩机；3- 驱动总成（驱动电机 + 减速器）；4- 集成式充电口；
5- 电机驱动冷却液加注口；6-12 V 低压电池；7- 高压配电箱；8- 继电器盒；9- 制动液加注口；
10- 车载充电机；11- 电池加热器；12- 真空罐；13- 电池冷却器；14- 电机控制器；15- 电池冷却液加注口

图5-4　江淮iEV7S高压配电箱布局

2. 集成式高压配电箱

（1）集成式高压配电箱结构功能。

典型的集成式高压配电箱，如比亚迪的"四合一"高压配电箱，其主要实现以下功能。

① 控制高压交流电与直流电双向逆变，驱动电机运转，实现充电、放电功能（VTOG、车载充电机）。

② 将高压直流电转换为低压直流电，为整车低压电器系统供电。

③ 具有整车高压回路配电功能与高压漏电检测功能（高压配电模块、漏电传感器）。

④ 具有 CAN 通信、故障处理记录、自检等功能。

维修贴

如图 5-5 所示，2018 年款比亚迪秦 EV300，其高压配电箱集成在高压电控总成内，实现了上述全部功能，集成 VTOG、车载充电机、DC/DC 转换器和高压配电模块，另外还安装有漏电传感器。

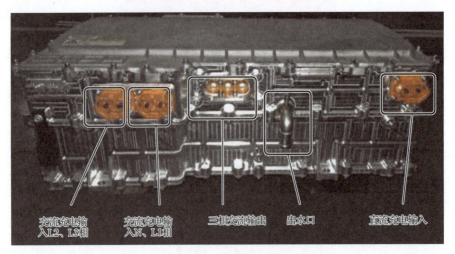

图5-5　2018年款比亚迪秦EV300高压电控总成

（1）DC/DC 转换器替代了传统燃油汽车挂接在发动机上的 12 V 发电机，和启动电池并联，给各种用电器提供低压电源。DC/DC 转换器在高压直流电输入端接触器吸合后开始工作，输出电压标称为 13.8 V。DC/DC 转换器在上 OK 电时、充电时（包括交流充电、直流充电）、智能充电时都会工作，以辅助低压电池为整车提供低压电源。

（2）DC/DC 转换器的外部高压电输入也是从高压电控总成直流母线输入。

（3）DC/DC 转换器的输出正极通过正极熔断器直接与低压电池正极相连，而 DC/DC 转换器的输出负极则是通过高压电控总成壳体搭铁。

高压电控总成运行如图 5-6 所示。

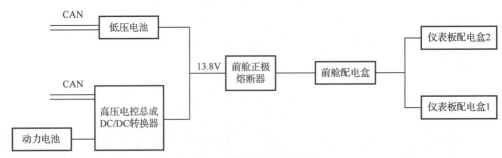

图5-6　高压电控总成运行图

（2）高压配电箱组件。

如图 5-7 所示，"四合一"高压电控总成内的高压配电箱由铜排连接片、接触器、霍尔电流传感器、预充电阻组成。动力电池正极与负极输入接触器吸合、断开由电池管理系统控制。

高压配电箱将动力电池的高压直流电分配给整车高压电器使用，包括 VTOG、DC/DC 转换器、PTC 加热器、电动压缩机、漏电传感器等；同时将 VTOG 和车载充电机的高压直流电分配给动力电池。

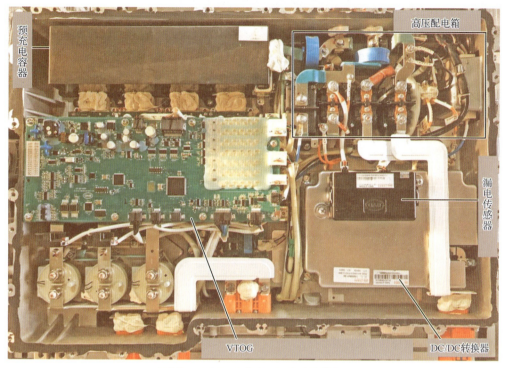

图5-7 "四合一"高压电控总成内部结构

接触器包括放电主接触器、交流充电接触器、直流充电正极接触器、直流充电负极接触器、预充接触器。VTOG主要包含控制板、驱动板、采样板、泄放电阻、预充电阻、霍尔电流传感器等元器件。

(3)控制器。

控制器类型为电压型逆变器,其主要有以下功能。

① 驱动控制。

● 采集油门、制动、挡位、旋转变压器等信号,控制电机正向、反向驱动。

● 具有高压输出的电压和电流控制功能。

● 具有电压跌落、过流、智能功率模块(IPM)过温、功率开关器件(IGBT)过温保护,以及功率限制、扭矩控制等功能。

● 具备电控系统防盗、能量回馈、主动泄放、被动泄放控制等功能。

智能功率模块把IGBT和驱动电路集成在一起,具有过压、过流和过温等故障检测电路,并可将检测信号送到中央处理器。

② 充电、放电控制。

● 交流、直流转换,双向充电、放电控制功能。

● 自动识别单相、三相相序并根据充电电流控制充电方式,根据充电设备识别充电功率,控制充电方式。

● 断电重启功能,即在电网断电又重新供电时,可继续充电。

● 对电网放电、对用电设备供电及对车辆充电功能。

（4）漏电传感器

高压电控总成内部装配有漏电传感器，其本身也是一个动力网 CAN 模块，通过监测与动力电池输出相连接的正极母线与车身底盘之间的绝缘电阻来判断高压系统是否漏电。漏电传感器将绝缘电阻值信息通过 CAN 总线发送给电池管理系统，采取相应的保护措施。漏电传感器运行如图 5-8 所示。

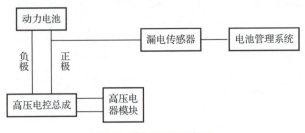

图 5-8 漏电传感器运行图

> **维修贴**
>
> 漏电传感器如果检测到绝缘电阻值小于设定值，就通过 CAN 总线和硬线同时将漏电信号发给电池管理系统，电池管理系统进行漏电相关报警和保护控制。漏电的硬线信号是一种拉低信号，即当漏电传感器检测到漏电时，电池管理系统的漏电信号端子是低电平，由漏电传感器拉低。另外，漏电传感器的工作电源也是双路电，因为无论是上电还是充电过程，都需要监测高压系统的绝缘情况。

3. 高压配电系统传输

如图 5-9 所示，高压配电箱主要将高压电池的电能传输到 PTC 加热器、电动压缩机、DC/DC 转换器及电机控制器，实现电能的传输。同时，快速充电口通过高压配电箱给高压电池快速充电。

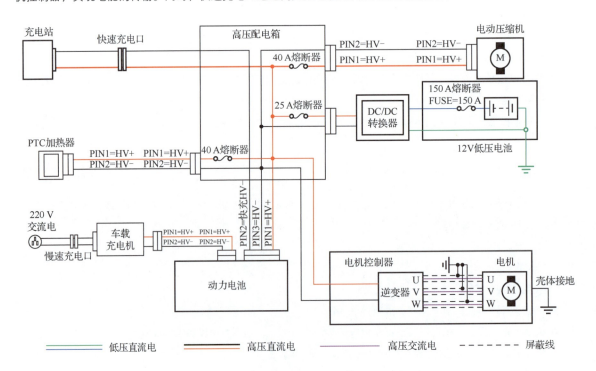

图 5-9 高压配电系统电路结构

图 5-10 所示为上汽荣威 ERX5EV 高压配电系统电路结构，高压配电箱主要将高压电池的电能传输到各高压部件。

主高压线束连接在动力电池和高压配电箱之间，主要将动力电池的直流电传输到高压配电箱，以及通过快速充电口给动力电池充电。

电动压缩机高压线束连接高压配电箱和电动压缩机，主要是将动力电池的高压直流电通过高压配电箱传输到电动压缩机，以驱动其工作。

PTC 加热器高压线束主要作用是连接高压配电箱和 PTC 加热器，将动力电池的高压直流电通过高压配电箱传输给 PTC 加热器，以使其工作。

电机控制器高压线束连接电机控制器和高压配电箱，主要功能是将动力电池的高压直流电通过高压配电箱传输给电机控制器。

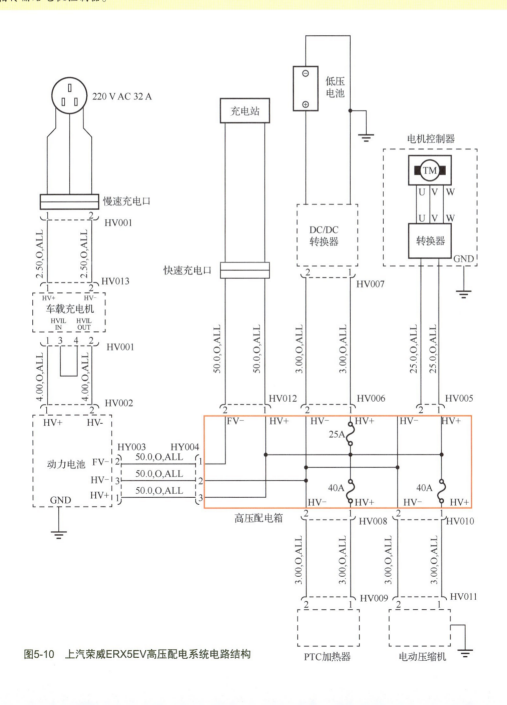

图5-10 上汽荣威ERX5EV高压配电系统电路结构

5.2 配电系统控制

5.2.1 回路保护

高压配电箱的功能包括高压电能的分配,以及高压回路过载与短路的保护。高压配电箱内对电动压缩机回路、DC/DC 转换器回路、电高压加热器(HVH)回路和 PTC 加热器回路各设有一个熔断器,如图 5-11 所示。当回路电流超过 120 A 时,熔断器会在 15s 内熔断;当回路电流超过 150 A 时,熔断器会在 1s 内熔断,保护相关回路。

图5-11 高压配电箱内的熔断器

5.2.2 电力分配

高压配电控制如图 5-12 所示。
(1)高压直流电。
从动力电池到电机控制器、PTC 加热器、车载充电机和电动压缩机的电流为高压直流电。
(2)高压交流电。
从电机控制器到驱动电机的电流为高压交流电。

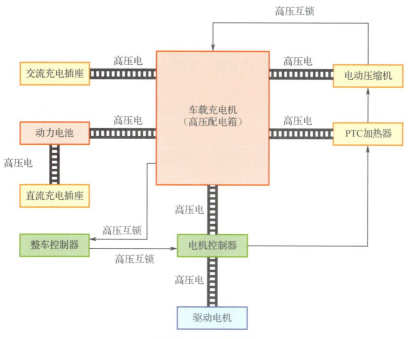

图5-12 高压配电控制

图 5-13 所示为 2018 款长安 CS15 EV 配电系统,其中橙色的线表示高压电流。

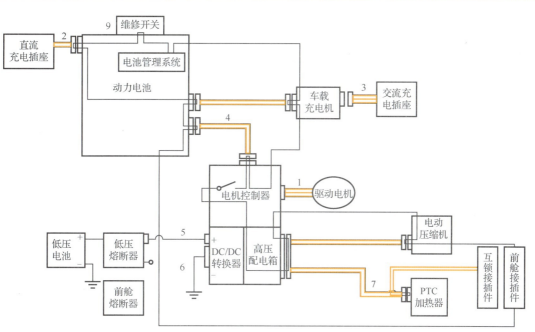

1- 三相动力线束总成;2- 直流充电插座线束总成;3- 交流充电插座线束总成;4- 电机控制器输入线束总成;5-DC/DC 转换器输出正极线束总成;6-DC/DC 转换器输出负极线束总成;7-PTC 加热器输入线束总成

图5-13 2018款长安CS15EV配电系统

5.3　高压配电系统故障诊断

1. 高压配电故障特点

高压配电系统的故障主要表现为下述三种高压回路故障。

（1）回路绝缘故障。

（2）回路相互短路或开路故障。

（3）高压配电箱故障。

2. 高压配电系统故障检测前的检查和准备

（1）直观检查。

从易于接触或能够看到的系统部件进行直观检查。

① 检查可能影响高压配电系统的维修改装或加装的电气设备。

② 检查易于接触或能够看到的系统部件，或者易于直观判断的系统部件（如熔断器），以查明其是否有明显损坏或存在可能导致故障的情况。

③ 检查高压配电箱内部是否有水或者灰尘等异物。

④ 检查高压配电箱高压线束连接器是否松动，内部是否有锈蚀的迹象。

（2）针对性排除。

熟悉各高压电气设备的插接器（连接器），维修电路时通常进行插接器端子之间的测量，以此判断和确定故障点。应该重点利用检测手段（如用兆欧表检测）来确定和排除配电系统的相关回路故障。图 5-14 为某车型高压配电系统电路。

例如，针对电机控制器回路故障，按以下步骤进行检测。

① 检查回路绝缘故障。执行车辆下电程序，首先关闭启动开关，其次断开低压电池负极接线柱，接着断开维修开关。

根据图 5-14 所示断开电机控制器线束连接器，按照表 5-1 所示检测其电路电阻情况。如果不符合应测得结果，那么应该维修或更换线束。如果绝缘没问题，那么接着检查回路是否短路或者开路。

② 检查回路开路故障。断开高压配电箱线束连接器；断开电机控制器线束连接器。按照表 5-2 所示检测电路电阻情况。如果不符合应测得结果，那么应该维修或更换线束。如果没问题，那么接着检查回路是不是有短路情况。

③ 检查回路短路故障。断开高压配电箱所有高压线束连接器。按照表 5-3 所示检测电路电阻情况。如果不符合应测得结果，那么应该维修或更换线束。如果线路没问题，那么问题可确定为高压配电箱本身故障。

④ 更换高压配电箱。经过上述检查，逐一排除回路绝缘、回路开路和短路故障，那么问题就出在高压配电箱本身。更换高压配电箱，电机控制器回路故障得到排除。

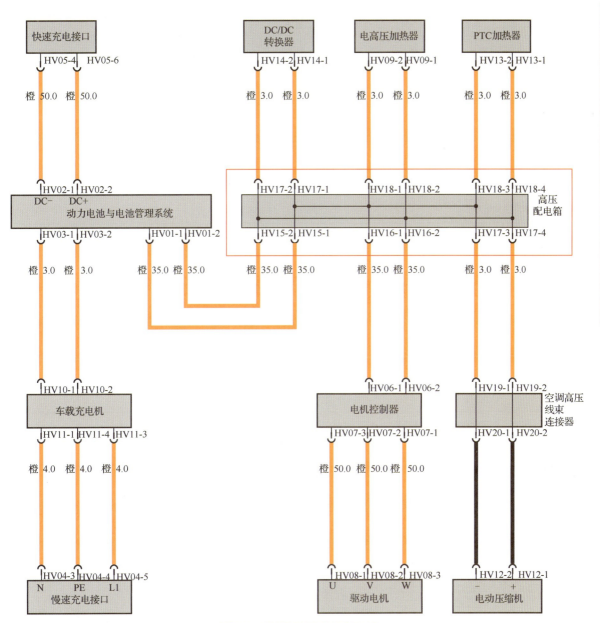

图5-14 某车型高压配电系统电路

表5-1 检测电机控制器回路绝缘故障

检查的零部件		用兆欧表探测的两个端子		检测条件	状态	应测得结果
连接器	代号	黑表笔连接	红表笔连接			
电机控制器线束连接器	HV06	HV06-1	高压配电箱壳体	下电	电阻	≥20 MΩ
高压配电箱		HV06-2	高压配电箱壳体	下电	电阻	≥20 MΩ

表5-2 检测电机控制器回路开路故障

检查的零部件		用万用表探测的两个端子		检测条件	状态	应测得结果
连接器	代号	黑/红表笔连接	红/黑表笔连接			
高压配电箱线束连接器	HV16	HV16-1	HV06-1	下电	电阻	<1 Ω左右
电机控制器线束连接器	HV06	HV16-2	HV06-2	下电	电阻	<1 Ω左右

表5-3 检测电机控制器回路短路故障

检查的零部件		用兆欧表探测的两个端子		检测条件	状态	应测得结果
连接器	代号	红表笔连接	黑表笔连接			
电机控制器线束连接器	HV06	HV06-2	HV06-1	下电	电阻	≥20 MΩ

3. 高压配电系统故障排除

高压配电系统故障如表5-4所示。

表5-4 高压配电系统故障

故障症状	可能的原因	措施/排除
直流转换不工作	高压输入断电	检查高压输入是否正常
	使能信号为高电位	检查相关控制端子针脚是否正常
	输出短路	检查输出连接是否正常
配电箱熔断器烧坏	高压输入短路或输入正极与负极接反	检测高压输入是否正常
直流故障反馈	输入过压或欠压，输出过压或欠压，整机过温	检查输出是否过流或过压，关闭DC/DC转换器总成，静置5 min后启动，如仍然报故障，检查线路
电加热器无法工作	熔断丝熔断	①断开动力电池侧高压接插件和电加热器高压接插件 ②用万用表进行导通测试 ③如果导通，则继续测量电阻值；如果电阻值在毫欧级别，则证明熔断丝无问题 ④如果不导通或测试电阻较大，则可认为熔断丝已熔断
电动压缩机无法工作	熔断丝熔断	①断开动力电池侧高压接插件和电动压缩机高压接插件 ②用万用表进行导通测试 ③如果导通，则继续测量电阻值；如果电阻值在毫欧级别，则证明熔断丝无问题 ④如果不导通或测试电阻较大，则可认为熔断丝已熔断
无法进行慢速充电	熔断丝熔断	①断开动力电池侧高压接插件和车载充电机侧高压接插件 ②用万用表进行导通测试 ③如果导通，则继续测量电阻值；如果电阻值在毫欧级别，则证明熔断丝无问题 ④如果不导通或测试电阻较大，则可认为熔断丝已熔断
无法进行快速充电	接触器工作状态异常	①用万用表测量正极快充接触器是否可以导通，通过测量快充口接插件的正极和电动压缩机接插件的正极之间是否导通来判断（注意不要碰到接插件的屏蔽层）；如果导通则接触器已经粘连，需更换车载充电机 ②为正极快充接触器给常电，如果接触器可以动作（有嗒嗒声音），在动作后接触器可以导通，则认为无问题，否则接触器故障，需更换车载充电机

5.4 高压配电系统维修与操作

1. 高压配电箱位置

图5-15所示为某四驱双电机车型高压配电箱,该高压配电箱将动力电池的高压直流电分流到前电机控制器、电动压缩机与PTC加热器。

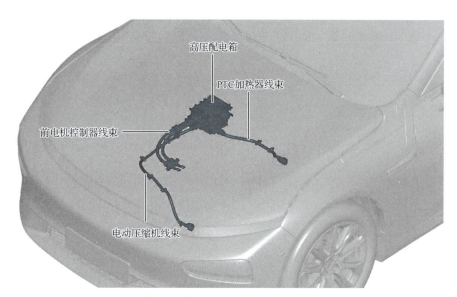

图5-15 某四驱双电机车型高压配电箱

2. 拆卸高压配电箱周围附件

（1）关闭所有用电器,将车辆下电。
（2）断开低压电池负极极夹。
（3）拆卸维修开关。
（4）拆卸雨刮盖板总成。
（5）拆卸空调进风风道。
（6）拆卸三角梁。

3. 拆卸高压配电箱

拆卸高压配电箱,如图5-16~图5-20所示。
（1）如图5-16所示,脱开电池水泵出水管固定卡扣（A）。
（2）旋出固定螺栓（B）,将水水换热器总成（1）移至一侧。
（3）如图5-17所示,脱开出水管（1）固定卡扣。
（4）如图5-18所示,旋出前电机线束固定螺栓（A）。
（5）断开四驱高压配电箱连接插头（B、C、D）。
（6）如图5-19所示,断开四驱高压配电箱连接插头（A、B）。
（7）如图5-20所示,旋出固定螺栓（A、B）,拆下四驱高压配电箱（1）。

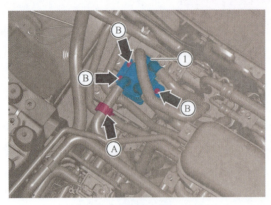

图5-16 拆卸高压配电箱（1）

图5-17 拆卸高压配电箱（2）

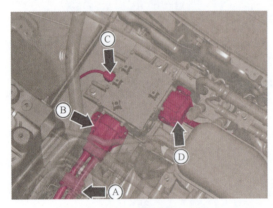

图5-18 拆卸高压配电箱（3）

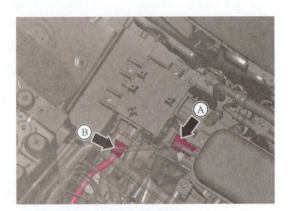

图5-19 拆卸高压配电箱（4）

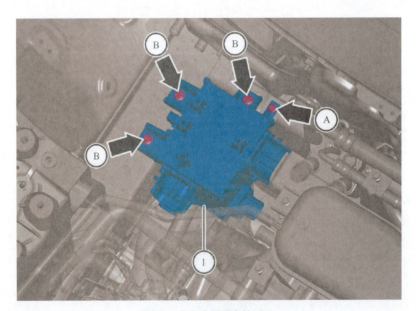

图5-20 拆卸高压配电箱（5）

4. 安装高压配电箱

安装高压配电箱与拆卸的步骤相反。

第6章 驱动电机系统认知与快修

6.1 驱动电机系统认知

6.1.1 驱动电机类型

电动汽车乘用车使用的交流永磁同步电机为驱动电机的主流。在四轮驱动车辆中,交流异步电机常搭载在前桥上。驱动电机有很多种类,如直流励磁电机、永磁无刷直流电机、交流异步电机、交流开关磁阻电机、永磁同步电机等。根据电源不同,电机可以分为直流电机和交流电机两大类。

表6-1为不同车型驱动电机示例。

表6-1 不同车型驱动电机示例

车型		电机类型	最大总功率/kW			最大总扭矩/(N·m)			电机布局
北汽EU5	两驱	交流永磁同步电机	160			300			两驱:前置
长安CS55	两驱	交流永磁同步电机	160			300			两驱:前置
上汽飞凡ER	两驱	交流永磁同步电机	135			280			两驱:前置
AION Y	两驱	交流永磁同步电机	135			225			两驱:前置
高尔夫	两驱	交流永磁同步电机	100			290			两驱:前置
奥迪Q5 e-tron	四驱	前:交流异步电机 后:交流永磁同步电机	225			460			双电机:前置+后置
大众ID.X	四驱	前:交流异步电机 后:交流永磁同步电机	230	前	后	472	前	后	双电机:前置+后置
				80	150		162	310	
	两驱	交流永磁同步电机	150			310			两驱:后置
特斯拉 Model 3	两驱	交流永磁同步电机	194			340			两驱:后置
	四驱	前:交流异步电机 后:交流永磁同步电机	357			659			双电机:前置+后置

续表

车型		电机类型	最大总功率/kW			最大总扭矩/(N·m)			电机布局
小鹏P7	两驱	交流永磁同步电机	196			390			两驱：后置
	四驱	前：交流永磁同步电机 后：交流永磁同步电机	316	前 120	后 196	655	前 265	后 390	双电机：前置＋后置
理想ONE（混动）	四驱	前：交流永磁同步电机 后：交流永磁同步电机	245	前 100	后 145	455	前 240	后 215	双电机：前置＋后置
极狐阿尔法S	四驱	前：交流永磁异步电机 后：交流永磁同步电机	473			655			双电机：前置＋后置
宝马iX3	两驱	交流励磁同步电机	210			400			两驱：后置

6.1.2 驱动电机结构

驱动电机通常为永磁电机，其永磁铁被镶入转子中，旋转磁场和定子线圈共同作用，产生扭矩；电机旋转变压器被同轴安装在电机上，用来检测转子旋转的角度，此旋转角度被发送给电机控制模块；电机温度传感器检测电机定子内部的温度，此温度信息被发送给电机控制模块。

如图6-1所示，驱动电机系统以驱动电机为核心，将存储在电池中的电能高效地转化为车轮的动能，进而推动汽车行驶，并能够在汽车减速制动或者下坡时，实现再生制动。

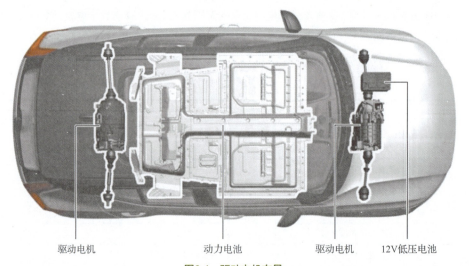

图6-1 驱动电机布局

驱动电机系统由驱动电机、电机控制器构成，通过高低压线束和冷却管路，与整车其他系统进行电气和散热连接。驱动电机通常为三相永磁同步电机，是电动汽车的"心脏"，是纯电动汽车唯一的动力来源，是汽车行驶的主要执行机构，其决定汽车的动力性等重要指标。

1. 盘式电机

盘式电机如图6-2所示，是持续通电同步电机。盘式电机安装在发动机与自动变速器之间，具有启动机和高压发电机的功能，如图6-3所示。根据工作模式，电机可以沿曲轴转动方向施加扭矩，以启动发动机，或沿曲轴转动方向的反方向施加扭矩，以对动力电池充电，这个过程是发动机模式。在起步过程中，电机为发动机提供支持，也就是升压模式；在制动过程中，部分制动能量被转化为电能，这就是再生制动。盘式电机结构如图6-4所示。

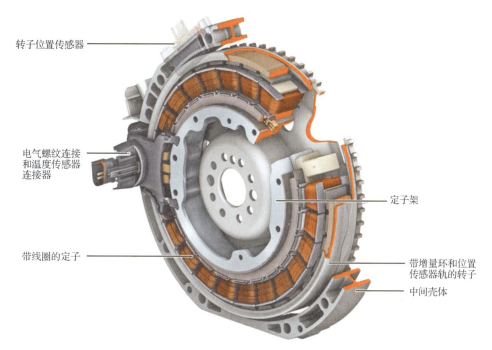

图6-2 盘式电机

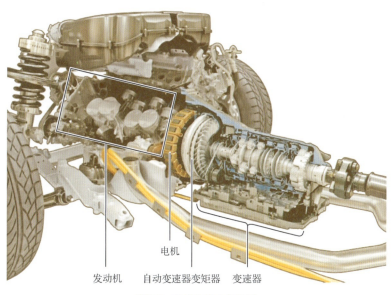

图6-3 盘式电机安装位置

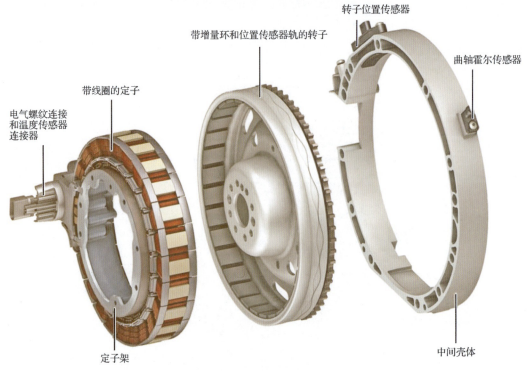

图6-4 盘式电机结构

发动机模式和发电机模式之间的切换由电力电子控制单元进行控制。电力电子控制单元通过三条母线与电动机的三个电源连接,如图6-5所示。三相电流根据工作模式和转子的位置进行调节。这些相电流产生磁场,并与转子磁场一起产生转动所需的扭矩。

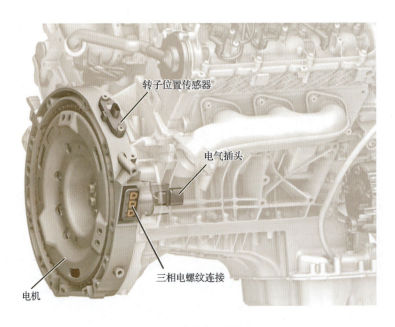

图6-5 盘式电机布局

调节电机时需要用到当前转子位置的相关信息。为此,即使电机静止,转子位置传感器也会提供振幅信号,并将其传送至电力电子控制单元,以计算角度并由此计算转速。

集成在定子绕组中的温度传感器记录绕组的温度,并将其作为电压信号传送至电力电子控制单元。如果超出特定的温度阈值,电力电子控制单元就会激活相应的功率限制功能,以防止电机过热。

2. 径向电机

(1)基本结构。

径向电机就是常见的电机。电机的基本原理是两个磁场相互作用,所以电机具备静止和旋转两大部分。电机静止的部分称为定子,作用是产生磁场和作为电机的机械支撑;电机旋转的部分称为转子,作用是感应电势,实现能量转换。电机静止和旋转的部分之间有一定大小的间隙,称为气隙。气隙的大小决定磁通量的大小。径向电机基本结构如图6-6所示。

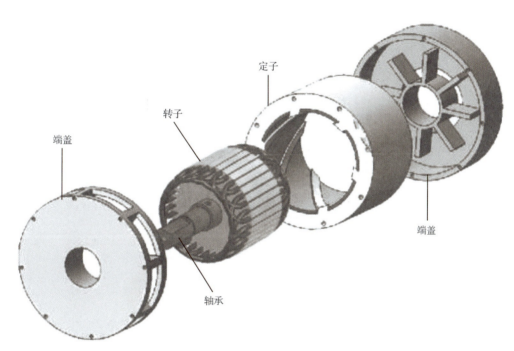

图6-6 径向电机基本结构

(2)同步和异步。

同步电机和异步电机都是电动汽车广泛使用的电机。异步电机又称感应电机,是由气隙旋转磁场与转子绕组感应电流相互作用产生电磁扭矩,从而将电能量转换为机械能量的一种交流电机。所以,有些电动汽车驱动电机配置中会写"电感/异步"。

异步电机在总体组成结构上与同步电机基本相同,同步电机和异步电机最大的区别在于转子速度与定子磁场旋转的速度是否一致,电机的转子速度与定子磁场旋转的速度相同,叫同步电机,反之就叫异步电机。另外,同步电机与异步电机的定子绕组是相同的,区别在于电机的转子结构。异步电机的转子是短路的绕组,靠电磁感应产生电流。同步电机的转子结构相对复杂,有直流励磁绕组。所以,有些驱动电机配置中会写"励磁/同步"。

3. 驱动电机主要部件

以奥迪某车型搭载的异步电机为例,前桥采用平行轴电机来驱动车轮(图6-7),后桥采用同轴电机来驱动车轮(图6-8)。前桥和后桥每个驱动电机都有一根等电位线连接车身。

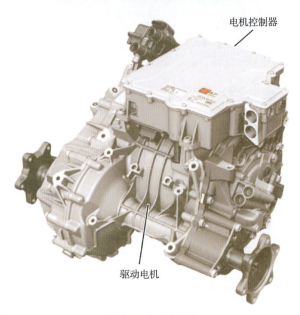

图6-7 前驱动电机

图6-8 后驱动电机

> **维修贴**
>
> 电动汽车动力电池属于高压系统。为防止因过大的电位差引起安全事故，相关标准要求将等电位连接作为高压系统的基本防护，也称作电位均衡要求。
>
> 等电位连接也称为接地，将高压系统的可导电部分经地线连接到车身地，形成一个等电势点。
>
> 简单来说，就是以焊接、用螺栓固定等方式，将可导电部分与车身地连接起来。

电机的主要部件有3个呈120°（三相电，三相交流电相位差120°）布置铜绕组（U、V、W）的定子。转子把转动传入齿轮箱。为了达到较高的功率密度，静止不动的定子与转动的转子之间的气隙就得非常小。电机与齿轮箱组合成车桥驱动系统。驱动电机内部结构如图6-9所示。

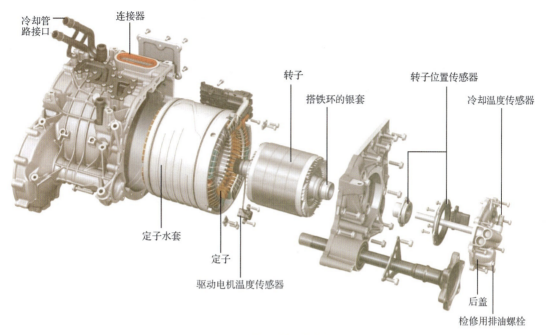

图6-9 驱动电机内部结构

（1）定子和转子。

定子是通过电机控制器来获得交流电供给的。铜绕组内的电流会在定子内产生旋转磁场，这个旋转磁场会穿过定子。异步电机转子的转动稍慢于定子的转动磁场（这就是异步的意思），这个差值称为转差率。因此，转子的铝笼内感应出一个电流，转子内产生的磁场会形成一个切向力，使转子转动。叠加的磁场产生扭矩。驱动电机定子如图6-10所示。驱动电机转子如图6-11所示。

> **维修贴**
>
> 异步就是转子的转速和定子磁场旋转的速度不同步。异步交流电机又分为三相异步交流电机和单相异步交流电机两种。
>
> 因为"异步"，所以有转差率，表示转子和定子内磁场之间的转速差。

图6-10 驱动电机定子

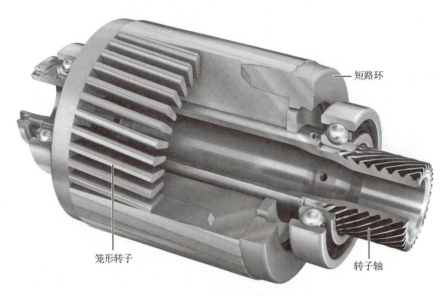

图6-11 驱动电机转子

如图6-12所示,驱动电机定子线圈具有U相、V相和W相三相构造,采用星形连接来连接线圈。

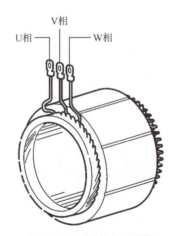

图6-12 驱动电机定子线圈

> **维修贴**
>
> 电机驱动器与永磁同步电机连接的三相交流电部分:
> A(U)——电机A相(U)。
> B(V)——电机B相(V)。
> C(W)——电机C相(W)。

驱动电机异步工作原理如图 6-13 所示。

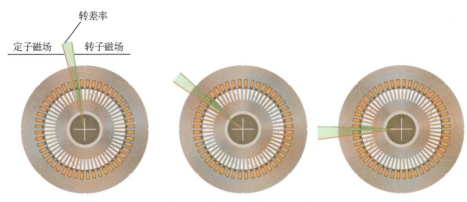

图6-13　驱动电机异步工作原理

（2）电机冷却系统。

前桥和后桥上的驱动电机和电机控制器是通过低温循环管路来散热的，如图 6-14 所示。定子和转子都通过冷却液散热。尤其转子内部冷却，在持续功率输出和再现峰值功率方面具有重要意义。

电机控制器和电机是彼此串联在冷却环路中的。冷却液首先流经电机控制器，然后流经前桥上的所谓"水枪"，以便对转子内部进行冷却。之后，冷却液流经定子水套并返回到循环管路中。

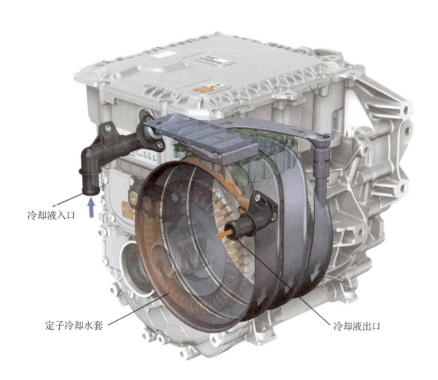

图6-14　电机冷却系统（1）

如图 6-15 所示，泵入热交换器的冷却油，通过油道后，喷入轴承 A、B、C 及转子短路环。然后，再流回电机的油底壳，并被油泵再次吸入，进行下一个工作循环。这样，油会吸收电机线圈中产生的废热，保证电机的正常运转。

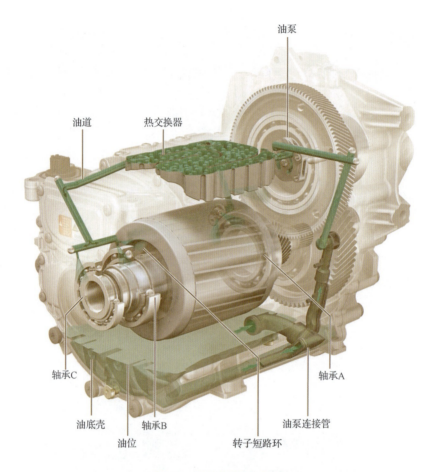

图6-15 电机冷却系统（2）

前驱动电机温度传感器测量定子绕组的温度，如果温度超过130℃，驱动电机的功率就降低。油泵的输送量取决于中间轴的速度。输送的油量越多，就可以将更多的热量带走。

（3）电机温度传感器。

驱动电机上安装有两个功能相同的电机温度传感器（定子温度传感器），集成在定子绕组上。在前桥电机上的是前部交流驱动装置冷却液温度传感器和前部驱动电机温度传感器。前部交流驱动装置冷却液温度传感器用于监控流入的冷却液温度。前部驱动电机温度传感器用于测量定子温度，为了测量精确，传感器集成在定子绕组上，且采用冗余设计。这就是说，尽管只需要一个传感器，但在定子绕组上集成了两个传感器，如图 6-16 所示。

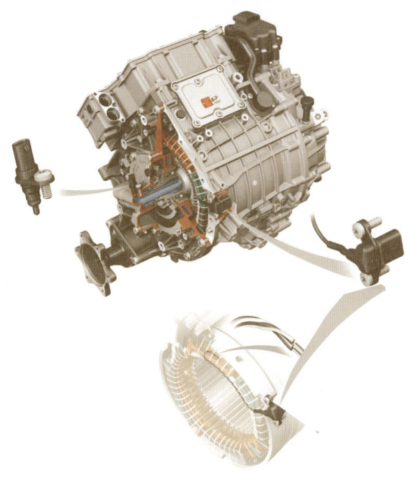

图6-16 电机温度传感器

> **维修贴**
>
> 以奥迪 e-tron 驱动电机的电机温度传感器为例，其中一个电机温度传感器损坏，另一个电机传感器仍可进行温度监控。两个传感器之一损坏了，不会有故障记录。如果电机上的两个传感器都损坏了，就会出现黄色警报灯，进入应急运行模式。
>
> 如果电机温度传感器确认损坏，需要更换整个电机来解决。因为不能单独更换电机温度传感器，所以安装两个传感器，采用冗余设计。

后桥上的结构与此相同。定子内有后部驱动电机温度传感器，冷却液温度由后部交流驱动装置冷却液温度传感器来测量。

（4）转子位置传感器。

转子位置传感器是根据坐标转换原理来工作的，其可以侦测到转子轴最小的位置变化。该传感器由两部分构成：安装在坐标转换器盖上的传感器和安装在转子轴上的靶轮。如图 6-17 所示，转子位置传感器可单独更换。

电机控制器根据转子位置信号（转子每转的传感器信号有四个脉冲）计算出用于触发异步电机所需的转速信号。当前的转速值会显示在测量数据中。

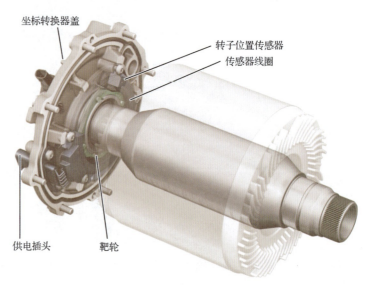

图6-17 转子位置传感器

（5）搭铁环。

如图 6-18 所示，搭铁环是转子轴和壳体之间的接触件，被压入驱动电机壳体内。搭铁环的左右两侧都有织物片，用于防止脏物进入或碎屑排出。

> **维修贴**
>
> 搭铁环的电阻比轴承电阻小。转子轴上产生的电压由流经搭铁环的电流来消除。如果没有搭铁环，这个电流就会流经轴承，长久这样会损坏轴承。搭铁环薄片可自动进行调整，以便补偿磨损。

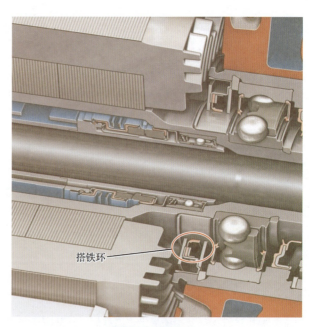

图6-18 搭铁环

6.1.3 电机控制器

1. 组成

电机控制器是一个高功率、高电压的功率电子模块，主要由逆变器和 DC/DC 转换器组成。

电机控制器是通过固定螺栓固定在驱动电机上的，前后驱动电机上都安装有一个电机控制器，是三相供电连接的。冷却液从电机控制器经冷却液管接头流入电机。电机控制器内部结构如图6-19所示。

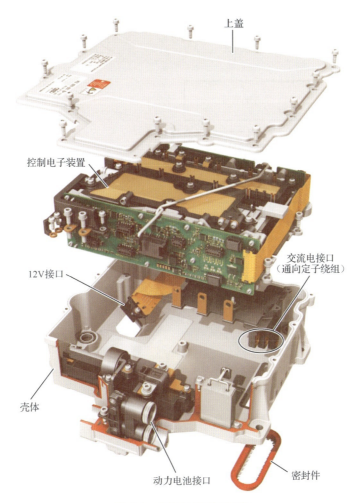

图6-19 电机控制器内部结构

2. 作用

电机控制器是一个将电池的直流电转换为交流电，并驱动电机的设备。在将直流电转换成交流电的过程中，交流电的频率和电压可以改变，控制参数可以有很高的自由度。

电机控制器是控制动力电池与前电机之间能量传输的装置，是电机驱动及控制系统的核心。作为整个动力系统的控制中心，电机控制器的控制和驱动特性决定了汽车行驶的主要性能指标。电机控制器将动力电池的直流电转换成电机可用的交流电，使电机完成扭矩输出。

3. 控制

电机控制器包含控制电路、驱动电路、IGBT及其关联电路等硬件部分，以及电机控制算法与逻辑保护等软件部分。

电机控制器采用CAN通信控制，控制动力电池与电机之间的能量传输转换，同时采集电机位置信号和三相电流信号，根据整车控制器的模式、扭矩等指令请求，通过内部控制算法控制逆变器IGBT关断来驱动逆变器产生三相电流，驱动电机运行。

> 如图6-20所示，电机控制器直流母线端连接高压配电箱，三相线出线端连接驱动电机，低压信号端接入整车低压信号线束，接地点通过接地线束连接车身。

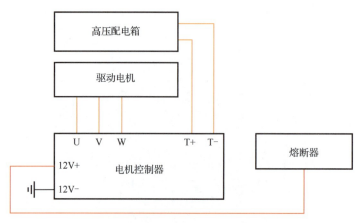

图6-20 电机驱动系统控制电路

> 整车控制器是电动汽车的控制中心，它对所有的输入信号进行处理。整车控制器基于加速踏板位置信号、挡位信号和车速信号计算车辆的目标扭矩，并通过CAN总线发送扭矩需求指令给电机控制器，对电机进行启动、加速、减速和制动控制。

6.1.4 驱动单元

1. 三合一集成驱动单元

（1）核心部件。

电动汽车电动化部分由电机驱动系统、动力电池系统和控制系统组成，是电动汽车的核心。其中电机驱动系统直接将电能转换为机械能，驱动电机决定了电动汽车的性能指标。驱动电机、电机控制器、减速器三合一，共同组成电动汽车的电机驱动系统。电机驱动系统部件如图6-21所示。

（2）三合一布局。

最初的电动汽车部件集成主要基于车载电源层面，把车载充电机、DC/DC转换器与逆变器集成在一起。现在主流的电动汽车基本是将DC/DC转换器、车载充电机和高压配电箱集成在一起。也就是说，后来逆变器从车载电源中被剥离出来，与电机驱动系统集成在一起，即驱动电机、减速器和电机控制器（逆变器）组成的电机驱动总成，这也是现在主流的集成方式。有些电机驱动"三合一"系统更是干脆集成到一个整体的外壳中。

图6-22所示为宝马iX3 G08 BEV电机驱动单元，以驱动电机、电机控制器和减速器高度集成的方式汇总到一个集中的外壳中。三合一的电机驱动系统布局可以显著降低驱动系统在安装空间和质量方面的要求。这样一来，和过去的宝马电机驱动装置相比，其功率密度提高了大约30%。图6-23为宝马iX3 G08 BEV电机驱动单元的内部结构。

图6-21 电机驱动系统部件

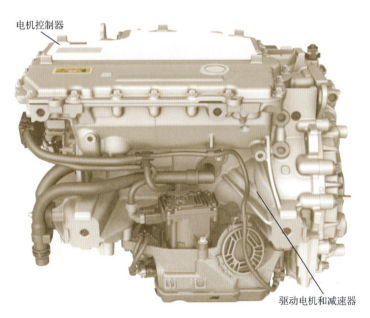

图6-22 宝马iX3 G08 BEV电机驱动单元

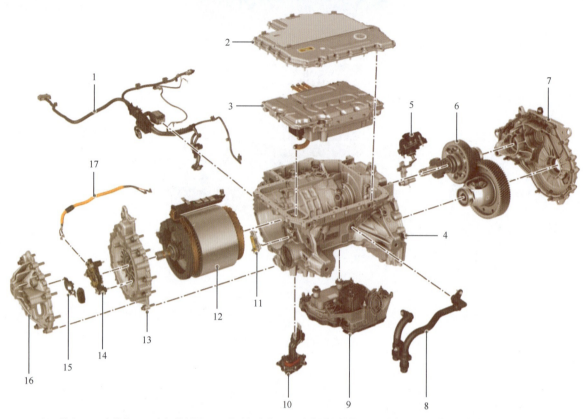

1- 低压线束；2- 壳体盖；3- 电机控制器；4- 发动机壳体；5- 驻车锁止模块；6- 减速器；7- 减速器壳体盖；8- 冷却液管；9- 机油模块；10- 高压接口；11- 壳体盖（高压插头连接/电机控制器的螺栓连接）；12- 驱动电机；13- 轴承盖；14- 碳刷模块；15- 转子位置传感器；16- 壳体盖；17- 励磁导线

图6-23　宝马iX3 G08 BEV电机驱动单元的内部结构

2. 多合一集成智能电机驱动系统

电动汽车电机驱动系统无论是三合一、四合一，还是更多部件合在一起的集成总成，在本质上都是电机驱动系统的集成化。随着电动汽车和智能网联汽车技术的快速发展，电动汽车具有越来越优化的结构和更加人性化的功能，提高驾乘的舒适度和其他性能。

有的电动汽车采用由车载充电机、DC/DC转换器、高压配电箱、整车控制器、电池管理系统组成的多合一电机驱动控制总成。有的电动汽车把驱动电机、减速器、电机控制器、高压配电箱、DC/DC转换器、逆变器、充电机等零部件集成为一个多合一电机驱动总成。

图6-24为多合一电机驱动总成（机舱）。

图6-25和图6-26所示为比亚迪e3.0八合一电机驱动系统总成，其集成了电机控制器、车载充电机、DC/DC转换器、高压配电箱、驱动电机、减速器、整车控制器、电池管理系统8个系统（分总成）。其中整车控制器和电池管理系统共同组成了动力域控制器。

图6-24 多合一电机驱动总成（机舱）

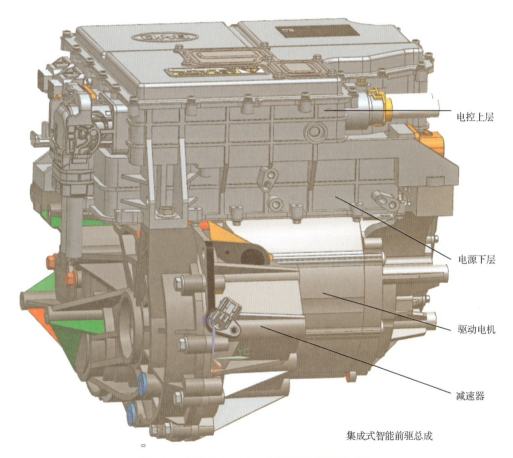

图6-25 比亚迪e3.0八合一电机驱动系统总成（1）

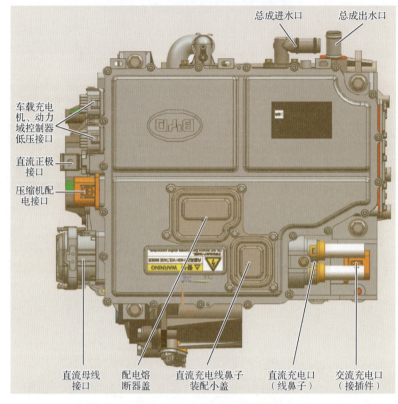

图6-26 比亚迪e3.0八合一电机驱动系统总成（2）

6.2 驱动电机系统控制与诊断

6.2.1 驱动电机扭矩的建立

动力电机逆变器为驱动电机提供所需的交流电，它将来自动力电池的直流电转换为交流电；根据车辆需要改变输入驱动电机的三相交流电的电流及频率，从而控制驱动电机的输出。

如图6-27所示，当三相交流电被接入定子线圈中，便产生了旋转磁场，这个旋转磁场牵引转子内部的永磁体，产生和旋转磁场同步的旋转扭矩。电机控制器使用旋转变压器检测转子的位置，使用电流传感器检测线圈的电流，从而控制驱动电机的扭矩输出。

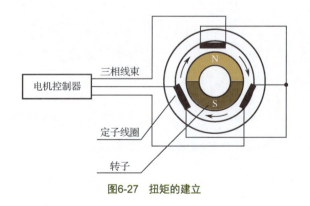

图6-27 扭矩的建立

6.2.2 驱动时的控制

电机驱动模式如图 6-28 所示，DC → AC，电动行驶。高压直流电通过 IGBT 转换成三相交流电，驱动电机将动力输出给减速器；减速器将电机输出的转速和扭矩降速增扭后传递到驱动轴，以驱动整车运动。

> **维修贴**
>
> 逆变器利用 6 个 IGBT 或碳化硅半导体开关模块组成三相开关电路，每相 2 个 IGBT，负责正极和负极。

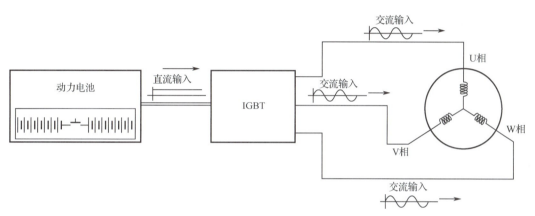

图6-28　电机驱动模式

6.2.3 发电时的控制

电机发电模式如图 6-29 所示，AC → DC，能量回收。车轮传递到减速器的转速和扭矩被增速降扭后传递到驱动电机，驱动电机将电机线圈端产生的三相交流电通过 IGBT 转变成高压直流电，为动力电池充电。

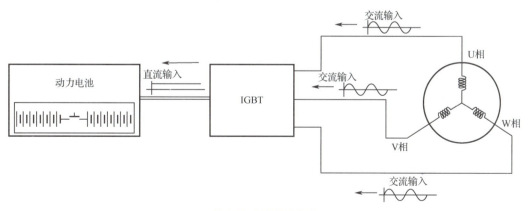

图6-29　电机发电模式

6.3 电机控制器故障诊断

6.3.1 电机控制器诊断原则

当故障发生时,电机控制器软件根据故障级别,使电机控制器进入安全状态或限制状态。安全状态包括主动短路或 Freewheel 模式,限制状态包括四个级别的功率与扭矩输出限制。电机控制器软件提供基于 ISO-14229 标准的诊断通信功能,包括硬件温度诊断、电机诊断、CAN 通信诊断、直流转换诊断等。

> **维修贴**
>
> Freewheel 模式,即自由停机,也就是将逆变器的 6 个开关器件全部关断。
>
> 在这种情况下,IGBT 不会导通。这时候,逆变器与三相不控整流电路等效。当电机转速较低时,电机的反电动势幅值比较小,电机线电压小于母线电压,二极管无法导通,整个回路之间不会产生电流。

6.3.2 电机控制系统故障

1. 电机控制系统主要故障

(1)传感器故障包括电流传感器、电压传感器、温度传感器、位置传感器等故障。
(2)电机故障包括电流调节主动短路或空转条件不满足、转子偏移角等故障。
(3)总线故障包括总线超时,报文长度和校验异常,以及收发计数器等故障。
(4)其他硬件故障包括相电流过流、直流母线电压过压、高压和低压供电等故障。

> **维修贴**
>
> 对于整车控制器报文超时故障,需要重点检查电机控制器与整车控制器之间的 CAN 总线。
>
> 电机控制器将来自动力电池的高压直流电转换为高压三相交流电,输出至驱动电机,通过控制高压三相交流电的变化,控制驱动电机的输出扭矩。
>
> 在控制过程中,电机控制器基本功能如下:
>
> (1)控制驱动电机驱动机械负载,执行来自整车控制器的目标扭矩命令。
> (2)通过高速 CAN 总线和其他节点进行数据交换。
> (3)系统实现自我保护,保护自身不被损坏,如过温保护、过压保护、欠压保护和过流保护等。
> (4)控制高压系统的电压和电流。
> (5)在整车控制器命令下对高压母线进行紧急放电和常规放电。
> (6)估算电机输出扭矩。
> (7)估算电机转子温度。

2. 电机控制系统故障

电机控制系统故障如表 6-2 所示。

表6-2 电机控制系统故障

故障/诊断显示	故障生成/故障内容	可能故障原因	故障检查
诊断过压或欠压	电压大于16 V或电压小于9 V，持续时间大于3 s	供电电压过高或过低	检查供电
ECAN关闭	3次连续Bus-off	CAN线路故障	检查CAN线路
与VCU丢失通信	VCU报文连续丢失10个周期	① VCU故障 ② CAN线路故障	检查VCU及CAN线路
与中央网关丢失通信	中央网关报文连续丢失10个周期	① 中央网关故障 ② CAN线路故障	检查中央网关及CAN线路
Checksum错误	监控报文ID：0×17C接收节点的Checksum和发送节点的Checksum连续不一致超过10时记录	CAN通信模块故障	检查CAN通信模块
AliveCounter错误	监控报文ID：0×17C接收节点的AliveCounter和发送节点的AliveCounter连续不一致超过 nCounterError（典型值为10）时记录	CAN通信模块故障	① 检查总线是否丢帧 ② 检查对应节点LiveCnt是否更新
霍尔传感器过流	满足以下任一条件后报该故障： ① U相电流峰值＞过流点 ② W相电流峰值＞过流点 ③ V相电流峰值＞过流点	① 输出电流过大 ② 霍尔传感器或检测回路受干扰 ③ 霍尔传感器掉线或异常	检查霍尔传感器状态
驱动上桥故障	满足以下全部条件后报该故障： ① 控制驱动上桥的驱动芯片发生严重故障（如低压欠压、过压、过流、通信等故障） ② 驱动芯片故障后置Fault信号	① IGBT硬件受损 ② 驱动上桥芯片异常 ③ 上桥驱动电源异常 ④ Fault_H信号受干扰	① 检查IGBT硬件 ② 检查驱动上桥芯片 ③ 检查上桥驱动电源 ④ 检查Fault_H信号状态
驱动下桥故障	满足以下全部条件后报该故障： ① 控制驱动下桥的驱动芯片发生严重故障（如低压欠压、过压、过流、通信等故障） ② 驱动芯片故障后置Fault信号	① IGBT硬件受损 ② 驱动下桥芯片异常 ③ 下桥驱动电源异常 ④ Fault_H信号受干扰	① 检查IGBT硬件 ② 检查驱动下桥芯片 ③ 检查下桥驱动电源 ④ 检查Fault_H信号状态
KL30电源欠压	满足以下任一条件后报该故障： ① 电机控制器状态=Run； 电机控制器控制电压≤7 V（1.5 ms） ② 电机控制器状态=Stop； 电机控制器控制电压≤7 V（20 ms）	① 低压电池电源工作异常 ② 低压电池检测回路异常	① 检查低压电池电源 ② 检查低压电池检测回路
母线过压	电压高于额定电压	① 动力电池直流母线电压过高 ② 回馈能量过大 ③ 母线电压振荡 ④ 电压检测回路异常	① 检查动力电池直流母线电压 ② 检查回馈能量状态 ③ 检查母线电压振荡 ④ 检查电压检测回路
旋转变压器异常	100ms内：旋转变压器LOS DOT硬线信号错误次数大于阈值	① 旋转变压器掉线 ② 未良好接地等导致旋转变压器干扰太大 ③ 检测芯片电路异常	① 检查旋转变压器 ② 检查旋转变压器芯片电路
输出缺相故障	满足以下任一条件后报该故障： ① 上电缺相检测阶段任意相开路 ② 正常缺相检测阶段电流偏差过大	① 控制器三相输出缺相 ② 电流检测异常	① 检查控制器三相线连接情况 ② 检查电流检测电路
角度跳变故障	电机转子角度与上一周期的值差大于阈值，持续40 ms	① 未良好接地等导致旋转变压器干扰太大 ② 检测芯片电路异常	① 检查旋转变压器干扰 ② 检查旋转变压器检测芯片电路

续表

故障/诊断显示	故障生成/故障内容	可能故障原因	故障检查
母线欠压	满足以下全部条件后报该故障： ① 电机控制器状态=Run ② 电机控制器状态=主动放电 ③ 母线电压＜150 V	① 动力电池电压过低 ② 母线电压振荡 ③ 电压检测异常	① 检查动力电池电压 ② 检查母线电压振荡情况 ③ 检查电压检测电路
U相电流零漂故障	U相电流的零漂值＞临界值（0.156×1000 A），持续1280 ms	① 霍尔传感器异常 ② 运算放大器异常	① 检查霍尔传感器 ② 检查运算放大器
V相电流零漂故障	V相电流的零漂值＞临界值（0.156×1000 A），持续1280 ms	① 霍尔传感器异常 ② 运算放大器异常	① 检查霍尔传感器 ② 检查运算放大器
W相电流零漂故障	W相电流的零漂值＞临界值（0.156×1000 A），持续1280 ms	① 霍尔传感器异常 ② 运算放大器异常	① 检查霍尔传感器 ② 检查运算放大器
U相电流过大	U相电流幅值大于阈值（850 A）持续50 ms	U相霍尔传感器断线或者对电源短路	① 检查霍尔传感器 ② 检查运算放大器
U相电流过小	U相电流幅值小于阈值（-850 A）持续50 ms	U相霍尔传感器对地短路	① 检查霍尔传感器 ② 检查运算放大器
V相电流过大	V相电流幅值大于阈值（850 A）持续50 ms	V相霍尔传感器断线或者对电源短路	① 检查霍尔传感器 ② 检查运算放大器
V相电流过小	V相电流幅值小于阈值（-850 A）持续50 ms	V相霍尔传感器对地短路	① 检查霍尔传感器 ② 检查运算放大器
W相电流过大	W相电流幅值大于阈值（850 A）持续50 ms	W相霍尔传感器断线或者对电源短路	① 检查霍尔传感器 ② 检查运算放大器
W相电流过小	W相电流幅值小于阈值（-850 A）持续50 ms	W相霍尔传感器对地短路	① 检查霍尔传感器 ② 检查运算放大器
三相电流之和不合理	三相电流之和大于阈值（66 A）；阈值偏大的次数大于检测次数的80%	① 电流采样异常 ② 输出短路 ③ 输出对机壳短路	① 检查霍尔传感器 ② 检查运算放大器
硬件过压	检测到触发硬件过压的IO口的下降沿	① 动力电池电压过高 ② 母线电压振荡 ③ 电压检测异常	① 检查动力电池电压 ② 检查母线电压振荡情况 ③ 检查电压检测电路
驱动芯片初始化失败	驱动芯片配置次数＞5次，仍未成功	驱动芯片故障	检查驱动芯片
EEROM故障	满足以下任一条件后报该故障： ① EEPROM连续读时间＞500 ms，不成功 ② EEPROM连续读时间＞1000 ms，不成功 ③ EEPROM连续读时间＞7000ms，不成功	EEPROM故障	检查EEPROM
主动放电故障	满足以下全部条件后报该故障： ① 母线电压＞60 V ② 主动放电时间＞3 s	① BMS接触器未实际脱开 ② 电压采样失效 ③ 出现无法放电故障	① 检查BMS接触器状态 ② 检查电压采样 ③ 检查放电情况
电机温度过低	满足以下全部条件后报该故障： ① 电机温度≤温度曲线中的最小值（NTC/PT100/PT1000：-48℃；KTY84：-40℃） ② 持续时间＞250 ms	① 电机温度传感器未接线 ② 电机温度传感器对地短路	检查电机温度传感器
IGBT温度过高	满足以下全部条件后报该故障： ① IGBT NTC温度＞IGBT温度范围的最大值（120℃） ② 时间持续200 ms	NTC传感器短路故障	检查NTC传感器

续表

故障/诊断显示	故障生成/故障内容	可能故障原因	故障检查
控制器过载报警	满足以下全部条件后报该故障： ① 控制器输出电流＞控制器额定电流 ② 控制器输出大电流持续时间＞硬件设定的保护时间	① 过载运行 ② 电流检测异常	① 无过载运行 ② 检查电流检测电路
控制器过热报警	满足以下全部条件后报该故障： ① IGBT温度过高或过低故障 ② 控制器处于运行状态 ③ 控制器温度＞控制器过温点5℃	① 控制器温度过高 ② 水泵流量不足 ③ 水路阻塞	① 检查控制器温度 ② 检查水泵流量 ③ 检查水路
控制器过热	满足以下全部条件后报该故障： ① 控制器温度＞控制器过温点（155℃） ② 无IGBT温度过高或过低故障 ③ 时间持续250 ms	① 冷却液管路异常 ② 水泵异常 ③ 过载运行 ④ 温度检测异常	① 检查冷却液管路 ② 检查水泵 ③ 检查控制器运行状态 ④ 检查温度检测电路
控制器NTC过温报警	满足以下全部条件后报该故障： ① 无IGBT温度过高或过低故障 ② 控制器处于运行状态 ③ IGBT NTC温度＞100℃	① 水泵流量不足 ② 水路阻塞 ③ 水路有空气	① 检查水泵流量 ② 检查水路
控制器NTC过温	满足以下全部条件后报该故障： ① IGBT NTC温度＞IGBT原始温度过温点（105℃） ② 无IGBT温度过高或过低故障 ③ 时间持续250 ms	① 水泵流量不足 ② 水路阻塞 ③ 水路有空气	① 检查水泵流量 ② 检查水路
电机过热报警	满足以下全部条件后报该故障： ① 电机温度＞电机过温点10℃ ② 无电机温度过高或过低故障	① 电机温度过高 ② 水泵流量不足 ③ 水路阻塞	① 检查电机温度 ② 检查水泵流量 ③ 检查水路
电机过热	满足以下全部条件后报该故障： ① 当前不处于电机温度过高或过低检测状态 ② 电机温度＞电机过温点（165℃） ③ 时间持续500ms	① 冷却液管路异常 ② 水泵异常 ③ 过载运行 ④ 温度检测异常	① 检查冷却液管路 ② 检查水泵 ③ 检查控制器运行状态 ④ 检查温度检测电路
电机温度过高	满足以下全部条件后报该故障： ① 电机温度传感器选择非空（BA-00） ② 电机温度≥温度曲线中的最大值（NTC：192） ③ 掉线计数时间达到设定的判断时间（250 ms）	① 温度传感器（PT）掉线 ② 温度传感器（NTC）短路	检查温度传感器
超速	满足以下条件后报该故障： ① 无旋转变压器故障 ② 扭矩控时电机转速大于12600 rpm，或者小于4200 rpm（允许误差±30 rpm） ③ 转速控时电机转速大于12600 rpm，或者小于12600 rpm（允许误差±30 rpm） ④ 超速时间持续2 s	电机转速过高	① 检查旋转变压器 ② 检查旋转变压器芯片电路
母线欠压报警	满足以下全部条件后报该故障： ① 电机控制器状态=Run ② 非主动放电中 ③ 母线电压＜欠压点（150 V）+30 V	控制器直流母线电压过低	检查控制器直流母线电压
母线过压报警	满足以下全部条件后报该故障： ① 母线电压＞过压点（483 V）-30 V时，开始限制最大输出电流 ② 最大输出电流限制至峰值的60%	控制器直流母线电压过高	检查控制器直流母线电压

续表

故障/诊断显示	故障生成/故障内容	可能故障原因	故障检查
控制器IGBT	Vce导通电压过高或驱动芯片发出开通信号，IGBT没有开通	控制器IGBT故障	检查控制器IGBT
IGBT驱动正电源过压	驱动正电源电压>19 V	控制器IGBT故障	检查控制器IGBT
IGBT驱动正电源欠压	驱动正电源电压<13 V	控制器IGBT故障	检查控制器IGBT
IGBT驱动负电源过压	驱动负电源电压<-10 V	控制器IGBT故障	检查控制器IGBT
IGBT驱动负电源欠压	驱动正电源电压>-6 V	控制器IGBT故障	检查控制器IGBT
IGBT驱动芯片过温	驱动芯片自身温度>155℃	控制器IGBT故障	检查控制器IGBT
IGBT驱动芯片低压侧电源欠压	驱动芯片低压侧5 V电源电压<3.8 V	控制器IGBT故障	检查控制器IGBT
IGBT驱动芯片低压侧电源过压	驱动芯片低压侧5 V电源电压>5.7 V	控制器IGBT故障	检查控制器IGBT
IGBT驱动芯片SPI通信故障	驱动芯片通信故障（多次尝试仍有故障）	控制器IGBT故障	检查控制器IGBT
IGBT上下桥互锁故障	驱动芯片首先会检测上下桥是否有直通可能，然后再发出PWM波（死区时间小于1.2 μs）	控制器IGBT故障	检查控制器IGBT
IGBT驱动芯片退饱和故障	驱动IC的短路保护	控制器IGBT故障	检查控制器IGBT
主动短路不合理	满足以下全部条件后报该故障： ① 电流幅值小于100 A或母线电压保持在500 V以上 ② 速度大于阈值（600 rpm） ③ 时间大于200 ms	① 霍尔传感器异常 ② 驱动异常	① 检查霍尔传感器 ② 检查驱动
扭矩输出异常故障	满足以下全部条件后报该故障： ① 反馈扭矩大于或小于给定扭矩阈值 ② 时间持续200 ms	① 电流环参数不合理 ② 旋转变压器零点角度不准确	① 检查电流环参数 ② 检查旋转变压器零点角度
旋转变压器奇偶校验错误	100 ms内奇偶校验错误次数>阈值	① 旋转变压器异常 ② 旋转变压器受干扰	① 检查旋转变压器 ② 检查旋转变压器受扰状态
唤醒信号异常警告	满足以下全部条件后报该故障： ① 在高压工作模式下，IGN异常断开 ② 时间大于100 ms	KL15异常	检查KL15
VCU指令超范围	满足以下条件后报该故障： ① VCU发出的扭矩请求值及其限制值超过IPU峰值扭矩 ② VCU发出的速度请求值及其限制值超过IPU最大转速 ③ 持续100 ms	VCU异常	检查VCU状态
模式故障	满足以下条件后报该故障： ① VCU模式请求异常，VCU指令未按IPU规定模式跳转图请求 ② VCU模式请求值为无效值 ③ 持续100 ms	VCU异常	检查VCU状态

续表

故障/诊断显示	故障生成/故障内容	可能故障原因	故障检查
非期望的扭矩过大	满足以下全部条件后报该故障： ① 扭矩控时，输出扭矩绝对值大于请求扭矩绝对值50 N·m ② 持续200 ms	电机控制器异常	检查电机控制器状态
实际扭矩方向反向	满足以下全部条件后报该故障： ① 扭矩控时，给定扭矩和反馈扭矩的方向相反 ② 给定扭矩和反馈扭矩之差的绝对值大于50 N·m ③ 持续200 ms	电机控制器异常	检查电机控制器状态
ASC执行异常	满足以下条件后报该故障： ① 正在执行ASC时NTC温度或电机温度达到退出ASC的温度阈值3℃以内 ② 需要执行ASC但不具备执行ASC的条件（电机过热故障、控制器IGBT NTC过温故障、控制器IGBT结温过温故障、上下桥均发生故障），持续超过120 ms	电机控制器异常	检查电机控制器状态

6.4 驱动电机系统维修与操作

6.4.1 拆装驱动电机线束插接器

1. 拆卸电机线束接插件

（1）关闭所有用电器，将车辆下电。
（2）断开低压电池负极极夹。
（3）拆卸维修开关。
（4）拆卸带杠杆塑料插座的电机线束接插件，如图6-30所示。

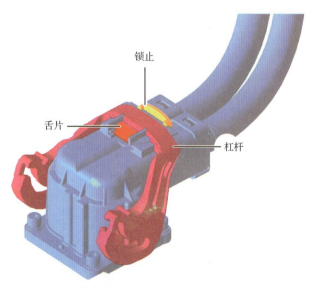

图6-30　拆卸带杠杆塑料插座的电机线束接插件

① 锁止后退。
② 按下舌片。
③ 打开杠杆，旋转到底。
④ 公端和母端分离。

（5）拆卸过程中的注意事项：

① 旋转锁止时，不要单手扣杠杆把手，否则容易造成插头和插座不同轴而自锁，无法完成拔出。可以双手协助拔出，尽量保证插座和插头同轴。拆卸时正确操作与错误操作对比如图 6-31 所示。

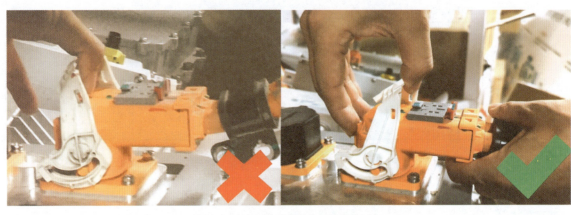

图6-31　拆卸时正确操作与错误操作对比

② 如图 6-32 所示，如果遇到带有泥土的使用了很长时间的接插件，就需要先清理杠杆槽中的泥土，再进行拆卸。
③ 如果在拆卸过程中出现卡滞，就需要调整一下插头和插座的同轴度，再继续拆卸，禁止用蛮力操作。

2. 安装电机线束接插件

（1）安装带杠杆塑料插座的电机线束接插件，如图 6-33 所示。

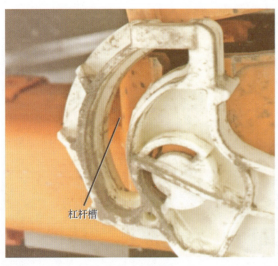

图6-32　杠杆槽

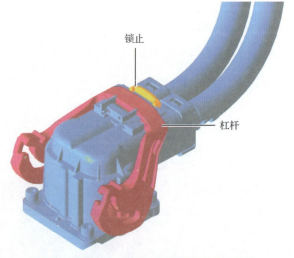

图6-33　安装带杠杆塑料插座的电机线束接插件

① 打开杠杆。
② 将插接件插入插座中。
③ 旋转杠杆。

④ 推进锁止。

（2）在安装过程中的注意事项。

① 旋转锁止时，不要单手扣杠杆把手，否则容易造成插头和插座不同轴而自锁，无法插入。可以单手两个着力点反向扣合接插件或者双手协助扣合，并尽量保证插座和插头同轴。

② 在维修过程中，接插件在开放环境中放置了很长时间，如果带有泥土，就会增加摩擦；在安装中，如果出现卡滞现象，就需要多安装几次，不要用水清洗，不要清理灰尘，以防止水和灰尘进入接插件内部。

③ 如果在安装过程中出现卡滞现象，就需要调整一下插头和插座的同轴度，再继续安装，禁止用蛮力操作。

安装时正确操作与错误操作对比如图6-34所示。

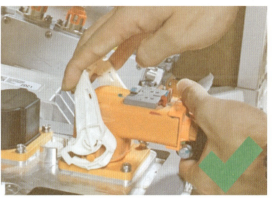

图6-34　安装时正确操作与错误操作对比

6.4.2　拆装前驱动电机

1. 拆卸前驱动电机

拆卸冷却水管后，需将冷却水管进行密封处理，以防止杂物进入管路内造成堵塞。

（1）拆卸前副车架总成及前动力总成。

（2）拆卸前电机中上隔音垫总成。

（3）拆卸前电机左内隔音垫总成。

（4）拆卸前电机中下隔音垫总成。

（5）拆卸前驱动电机总成。

① 旋出前驱动电机总成与前驱减速器总成连接螺栓，如图6-35所示。

② 旋出连接螺栓，拆下前驱动电机总成，如图6-36所示。

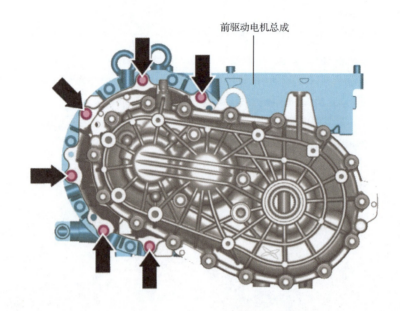

图6-35 前驱动电机总成与前驱减速器总成连接螺栓

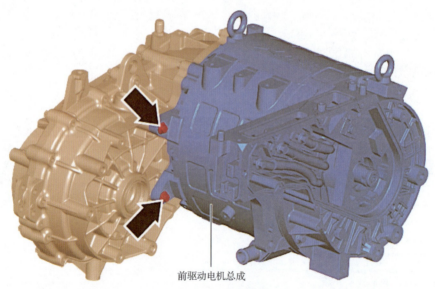

图6-36 拆下前驱动电机总成

2. 安装前驱动电机

安装程序以倒序进行,同时注意下列事项。

(1)检查并更换密封垫圈,如图6-37、图6-38所示。

(2)与拆装后驱动电机一样,在安装完成后进行气密性检测。

图6-37　驱动电机上的密封垫圈　　　　图6-38　减速器上的密封垫圈

第7章
空调和热管理系统认知与快修

7.1 电动压缩机认知

7.1.1 电动压缩机结构

纯电动汽车和混合动力汽车通常使用电动压缩机,电动压缩机外部特征如图 7-1、图 7-2 所示。电动压缩机集控制单元、电动机和压缩机于一体,压缩机外部有高压接口,使用高压电运行。空调系统在所有行驶状况下均可运行,动力电池间接通过制冷剂循环回路进行冷却。

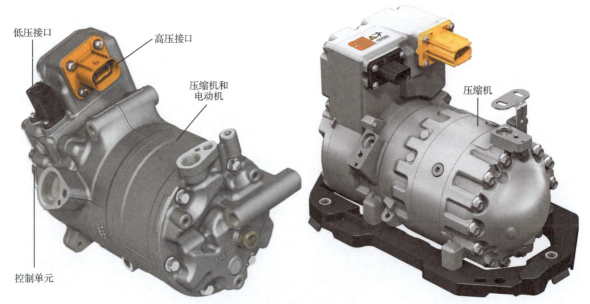

图7-1 电动压缩机外部特征(1)

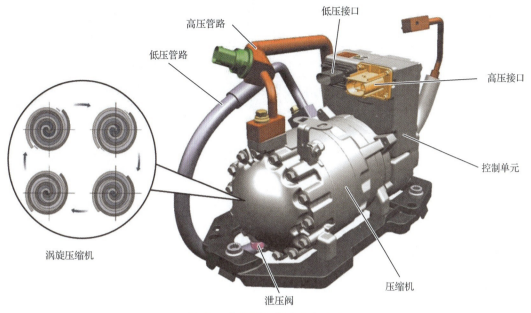

图7-2 电动压缩机外部特征（2）

7.1.2 电动压缩机运行机理

电动压缩机涡旋式内盘由三相交流同步电机通过一个轴驱动并进行偏心旋转，通过固定涡旋式外盘上的两个开口吸入低温低压气态制冷剂，然后通过两个涡旋式盘的移动使制冷剂压缩、变热。涡旋压缩机内部结构如图7-3所示。

涡旋压缩原理如图7-4所示。压缩机内盘转动三圈后，将吸入的制冷剂压缩、变热，再通过外盘中部的开口以气态形式释放。高温高压的气态制冷剂经油气分离器向冷凝器方向流动，流至压缩机接口。

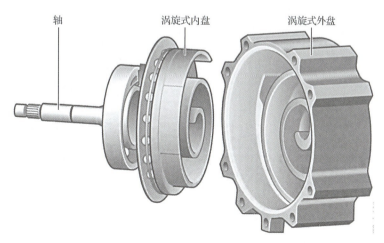

图7-3 涡旋压缩机内部结构

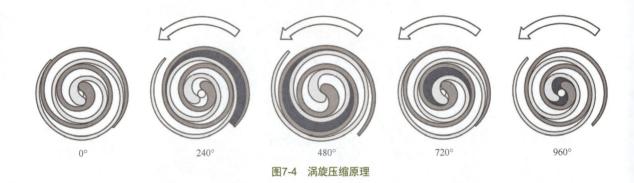

图7-4 涡旋压缩原理

7.1.3 电动压缩机电气系统

1. 压缩机控制单元

压缩机控制单元位于制冷剂压缩机壳体内,并通过 LIN 总线与空调系统控制单元(主控单元)相连。如图 7-5 所示,低压插头内带有用于 LIN 总线、接地和 12 V 供电的接口。电动压缩机电路结构如图 7-6 所示。

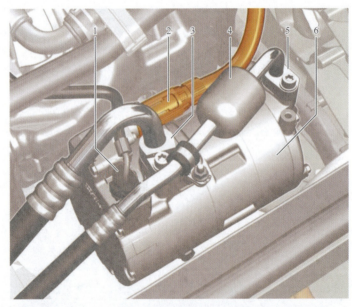

1- 低压插头(LIN 总线,用于压缩机控制单元的 12 V 电压);2- 高压插头;
3- 抽吸管路接口;4- 消音器(用于隔绝噪声);5- 压力管路接口;6- 制冷剂压缩机

图7-5 电动压缩机内部结构——插头和接口

在制冷剂压缩机的壳体内,除了压缩机控制单元,还有逆变器,二者均被流过的制冷剂冷却。暖风和空调系统控制单元的请求在压缩机控制单元中进行分析。

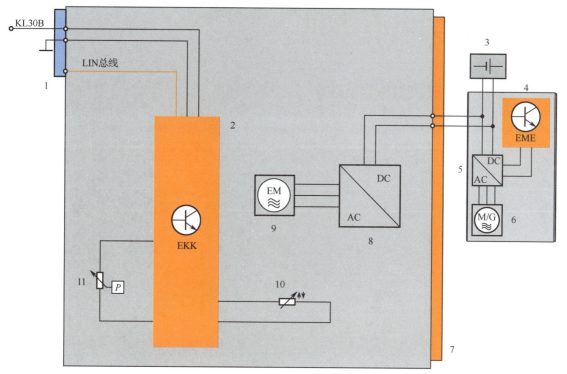

1- 低压插头；2- 压缩机控制单元；3- 动力电池；4- 电机控制单元；
5- 驱动电机控制器内的双向 AC/DC 转换器；6- 驱动电机；7- 压缩机上的高压插头；
8- 压缩机内的单向逆变器（DC/AC）；9- 三相交流同步电机；10- 温度传感器；11- 压力传感器

图7-6 电动压缩机电路结构

2. 交流同步电机

电动压缩机使用一个三相交流同步电机作为驱动装置。逆变器将直流电转换为交流电。压缩机控制单元根据主控单元的请求调节三相同步电机的转速。三相同步电机在一定的转速区间内运行（例如，2000 ~ 8600 r/min），转速可以无级调节。

3. 逆变器

逆变器即 DC/AC 转换器，将直流电转换为用于驱动三相交流同步电机所需的三相交流电。压缩机控制单元和逆变器集成在压缩机铝合金壳体内，通过流经的气态制冷剂进行冷却，压缩机控制单元根据其温度调节工作状态。

宝马 iX3G08 BEV 逆变器温度超过 125℃时，压缩机控制单元就会关闭高压供电电路。压缩机通过提高转速用于自身冷却等各种措施，可以有效防止达到如此高的温度。当温度降至 112℃以下时，压缩机就会重新运行。

压缩机控制单元在 200 ~ 410 V 的电压范围内为压缩机供电，高于和低于该电压范围就会降低压缩机功率或关闭压缩机。

压缩机的电容量小于 100 μF，通过被动电阻放电。压缩机关闭后，电压在 5s 内降至 60 V 以下。

7.2 高压加热器认知

7.2.1 高压加热器布局

高压加热器属于电动汽车热管理系统的重要部件。如图 7-7 所示,电动汽车通常采用两种高压加热器,并且采用相同的结构,即车内空间的电加热器和动力电池的电加热器,连接在高压车载网络上。图 7-8 为两款不同外形的高压加热器。

1- 用于动力电池的电加热器;2- 用于车内空间的电加热器(电子暖风装置)

图7-7 电动汽车高压加热器布局

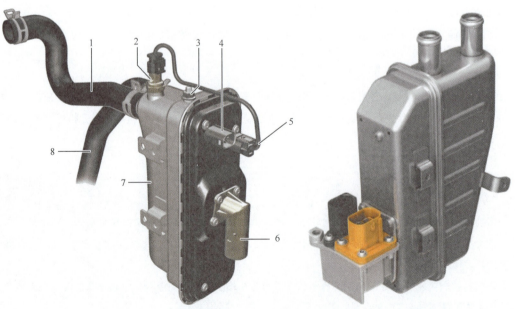

1- 冷却液回流管路接口;2- 电加热装置输出端冷却液温度传感器;3- 电位补偿导线接口;
4- 信号插头(低压插头);5- 传感器接口;6- 高压插头接口;7- 加热器壳体;8- 冷却液供给管路接口

图7-8 两款不同外形的高压加热器

如图7-9所示，高压加热器通过内部加热线圈实现电加热功能。内部的几个加热线圈具有相同的功率，并且以互相错位的方式通过脉冲宽度调制实现时序控制，使加热功率在一定范围内可以无级调节。

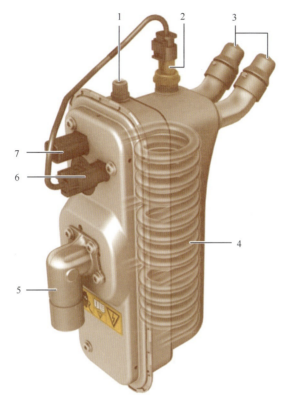

1- 电位补偿导线接口；2- 冷却液温度传感器；3- 冷却液管路接口；
4- 加热线圈；5- 高压接口；6- 冷却液温度传感器接口；7- 低压接口

图7-9 高压加热器内部结构

维修贴

宝马iX3 G08 BEV 热管理系统的高压加热器通过互相错位的脉冲宽度调制，使加热功率可以在550 W（相当于10%）和5.5 kW（相当于100%）之间无级调节。

7.2.2 高压加热器电气结构

（1）在高压加热器内部，加热线圈的开关通过电子开关进行。电子开关测量各条线路上的电流，并且通过控制单元实现控制。

（2）加热请求通过两个高压加热器的 LIN 总线连接发出。暖风和空调系统的控制单元与车辆内部空间的高压加热器进行通信，而动力电池的电加热器则与集成式车载充电单元相连。电加热器出口处的电流消耗及冷却液温度信息通过 LIN 总线传输。

（3）电加热器共用一个集成式车载充电高压接口。它随着高压导线分线，为两个电加热器单独供电。

（4）在电加热器内，高压车载网络与低压车载网络之间实现电气分离。

(5)低压插头上有 LIN 总线和供电(总线端 30B 和总线端 31)接口。

(6)电加热器和车身接地的壳体之间通过电位补偿导线实现电气连接。

高压加热器电路结构如图 7-10 所示。

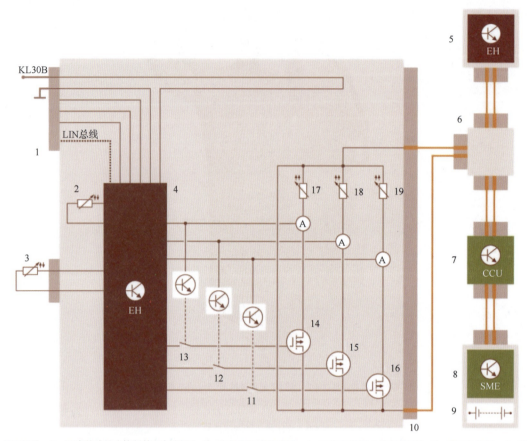

1- 低压插头;2- 温度传感器(控制单元电路板);3- 冷却液温度传感器;4- 高压加热器(控制单元);5- 高压加热器;6- 高压加热器的高压配电器;7- 集成式车载充电单元;8- 电池管理系统;9- 动力电池;10- 高压加热器的高压接口;11- 当加热线圈 3 内电流过高时硬件关闭;12- 当加热线圈 2 内电流过高时硬件关闭;13- 当加热线圈 1 内电流过高时硬件关闭;14- 加热线圈 1 的电子开关;15- 加热线圈 2 的电子开关;16- 加热线圈 3 的电子开关;17- 加热线圈 1;18- 加热线圈 2;19- 加热线圈 3

图 7-10　高压加热器电路结构

7.3　热泵阀门单元认知

7.3.1　热泵阀门单元布局

热泵阀门单元是热泵热管理系统重要部件。在使用热泵热管理系统之前,电动汽车的热管理系统没有配置热泵阀门单元,只是利用上述高压加热器来加热。现在汽车使用的热管理系统一种是普通的热管理系统,另一种就是热泵热管理系统。典型的使用热泵热管理系统的车型有比亚迪海豚和大众 ID.4X。热泵热管理系统部件如图 7-11 和图 7-12 所示。

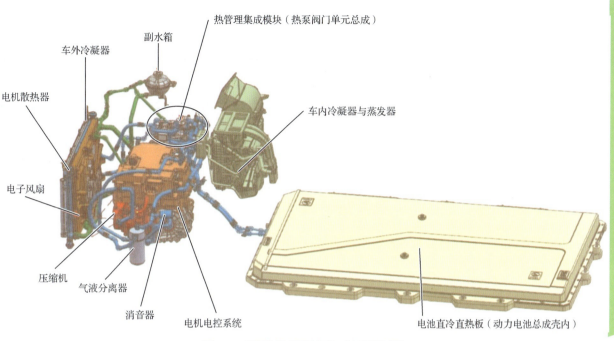

图7-11 热泵热管理系统部件（比亚迪海豚）

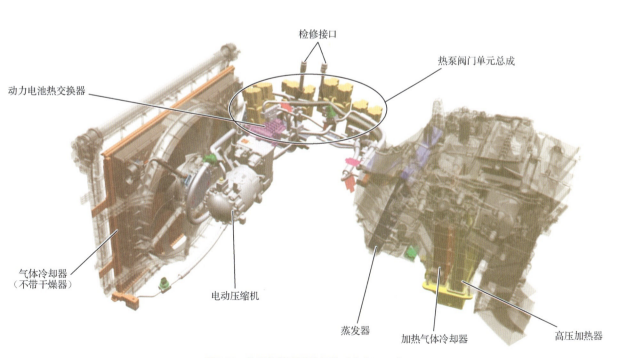

图7-12 热泵热管理系统部件（大众ID.4X）

热泵阀门单元外部特征如图7-13和图7-14所示。

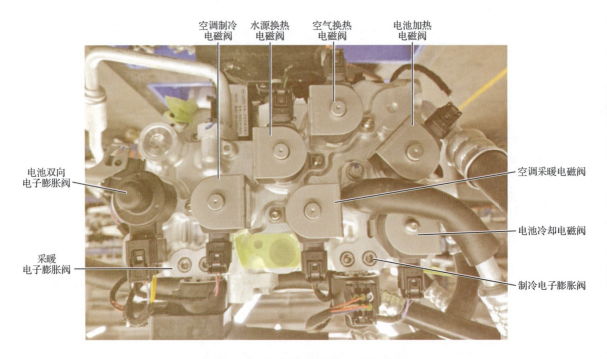

图7-13 热泵阀门单元外部特征（比亚迪海豚）

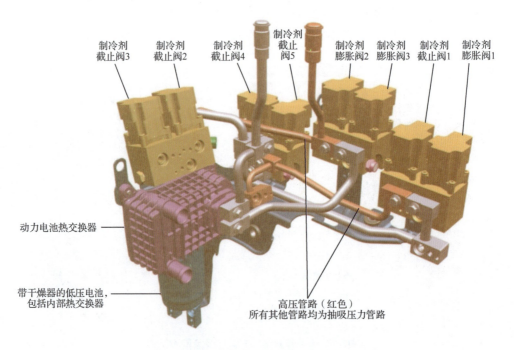

图7-14 热泵阀门单元外部特征（大众ID.4X）

> **维修贴**
>
> 在热泵热管理系统中,热泵比普通电动空调的高压加热器(PTC加热器)能耗更低,可以提升电动汽车续航里程。普通电动空调用PTC加热器将电力转化为热量,再由鼓风机将热风送进乘员舱,其在低温环境下虽然制热效果较好,但电能消耗高,大幅降低了续航里程。热泵加热系统使用冷媒在车外通过换热器吸热并将热量送入车内的方式为车内供暖,相比PTC加热器,电能消耗低,能大幅提升电动汽车续航里程。在配备热泵的车辆中,高压加热器充当辅助加热器。

7.3.2 热泵阀门结构

1. 截止阀

截止阀具有圆柱形针阀,只有两种状态,即打开或关闭,如图7-15所示。

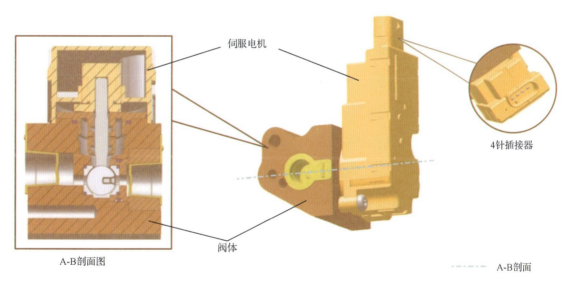

图7-15 热泵阀门内部结构——电动阀门(1)

2. 膨胀阀

膨胀阀具有圆锥形针阀,针阀从阀座中移出距离越远,进入膨胀区的横截面越大,如图7-16所示。

> **维修贴**
>
> 步进电机通过阀门中的螺杆转动电枢,针阀的高度通过内部螺纹,由旋转的螺杆调节。

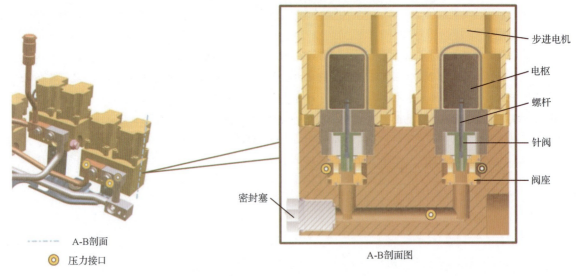

图7-16　热泵阀门内部结构——电动阀门（2）

膨胀阀和截止阀的工作状态如图 7-17 所示。

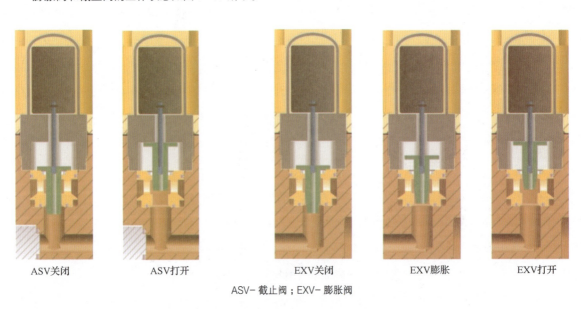

ASV- 截止阀；EXV- 膨胀阀

图7-17　膨胀阀和截止阀的工作状态

3. 泄压阀

（1）安装位置。

泄压阀如图 7-18 所示。热泵系统有三个泄压阀，分布位置如下：

① 位于高压侧的压缩机上。

② 用于蒸发器，位于低压侧的阀体上。

③ 用于带干燥器的储液罐，位于低压侧的阀体上。

（2）压力。

① 高压侧的泄压阀在大约 160 bar（最大 170 bar）的压力下打开，并在压力降低（约 150 bar）时再次关闭。

② 低压侧的泄压阀在大约 120 bar（最大 130 bar）的压力下打开，并在压力降低（约 110 bar）时再次关闭。

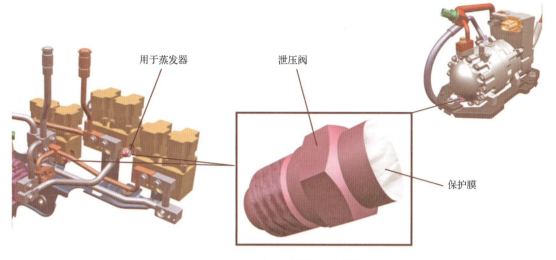

图7-18 热泵阀门内部结构——泄压阀

> **维修贴**
>
> 为了避免混淆,泄压阀具有不同的螺纹尺寸。例如:
> (1)高压侧的阀门具有 M12×1 mm 的左旋螺纹。
> (2)低压侧的阀门具有 M14×1 mm 的左旋螺纹。
> 保护膜可以使泄压阀免受污染和潮湿。如果保护膜损坏,就必须更换泄压阀。

7.4 热交换器认知

7.4.1 热交换器布局

热交换器如图 7-19 所示。动力电池热交换器在电动汽车中通常叫"冷却器",安装于车身前部纵梁附件位置。热交换是在高压组件的制冷剂循环回路和冷却液循环回路之间进行的。

将动力电池热交换器与电动膨胀阀组合使用,可以主动冷却高压组件,如动力电池、驱动电机、电机控制器等。

> **维修贴**
>
> 电动汽车在运行时必须对电池进行冷却。例如,大众 ID.4X,在充电且电池温度高于 30℃时,会通过冷却器主动冷却;在行驶模式下,如果电池温度高于 35℃,会通过冷却器主动冷却。

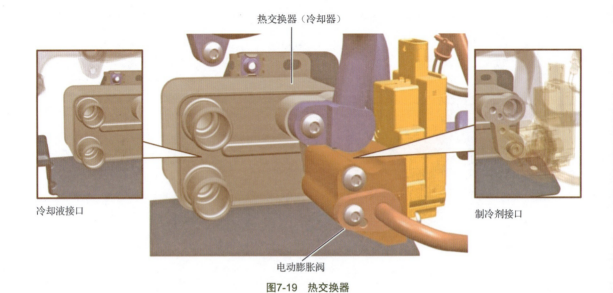

图7-19 热交换器

7.4.2 压力和温度传感器

以大众 ID.4X 为例,其制冷系统采用 R134a 作为制冷剂,有一个截止阀、一个电动膨胀阀和一个动力电池热交换器,因此制冷剂流量可以在汽车内部空间冷却系统和动力电池冷却系统之间分配。为了能够通过动力电池热交换器满足高压组件的所有冷却要求,必须将吸入侧的压力和温度作为调节系统的输入参数。因此,具有温度测量功能的第二压力传感器必不可少。

如图 7-20 所示,大众 ID.4X 空调和热泵系统中装有五个压力和温度传感器。传感器的功能和内部结构相同,但有三种不同的插头代码。

传感器 1 在冷却、加热和再加热的所有运行阶段都会直接探测压缩机出口处的压力和温度。

传感器 2 在所有运行阶段都会直接探测带干燥器的部件(收集盘)入口处的压力和温度。

传感器 3 在冷却和再加热运行阶段会探测前部气体冷却器出口处的温度。在热泵运行阶段,该传感器会探测前部气体冷却器入口前面的温度测量值。在不同的运行模式下,制冷剂的流动方向会发生变化。

传感器 4 在冷却和再加热运行阶段会探测空调装置中蒸发器入口处的压力和温度。在热泵运行间,流动方向再次切换,该传感器会提供蒸发器出口处的相关数值。

传感器 5 在所有运行阶段都会探测压缩机入口处的压力和温度。

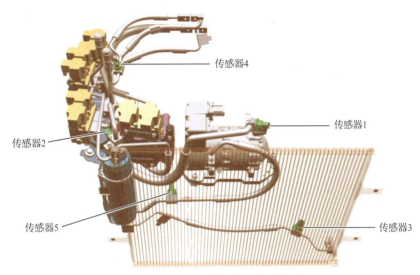

图7-20 压力和温度传感器安装位置

7.5 热管理系统控制

7.5.1 整车热管理系统组成

1. 各子系统

整车热管理系统包括空调热舒适性系统、动力电池加热冷却系统、电机驱动冷却系统、智能控制器和大屏主机冷却系统、补水排气系统、空气质量管理系统6个子系统。图7-21所示为小鹏电动汽车（四驱）热管理系统。

（1）空调热舒适性系统。

空调热舒适性系统智能调节车内温度，夏季降温、冬季升温、春季和秋季除湿。它依靠防雾传感器、热管理控制器智能切换内外循环，防止起雾，降低能耗。

（2）动力电池加热冷却系统。

动力电池加热冷却系统使用1个四通换向阀（简称"四通阀"）、2个三通比例阀（简称"三通阀"），实现电池和电机回路的连接，从而实现余热回收和电池中温散热功能。高温时，它依靠电池换热器，靠制冷剂给电池强制降温。中温时，它依靠四通阀将电池回路与电机驱动回路串联，通过前端低温散热器散热，可以节省电动压缩机功耗。低温时，它依靠三通阀将低温散热器短路，使电池和电机回路串联，回收电机余热，为电池保温。超低温时，它依靠三通比例阀，通过水水换热器将电池回路加热，使电池快速升温。

（3）电机驱动冷却系统。

电机驱动冷却系统依靠电动水泵驱动，通过低温散热器，依次给"三合一"、电机控制器和电机散热。

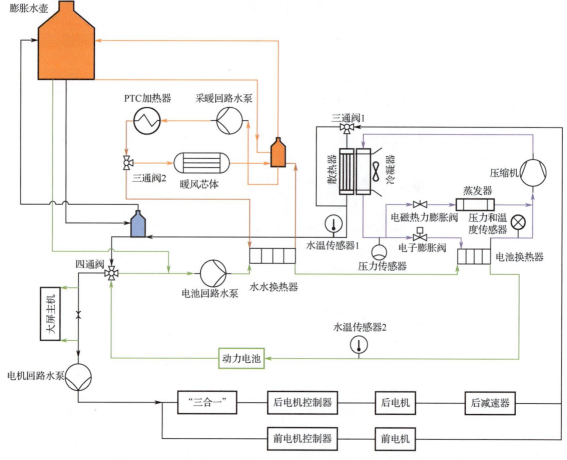

图7-21 小鹏电动汽车（四驱）热管理系统

（4）智能控制器、大屏主机冷却系统。

智能控制器、大屏主机冷却系统通过温度及温升速率判断是否开启电机水泵，它从电机回路分流部分流量到智能控制器、大屏主机液冷板，通过散热器或旁通进行散热。

（5）补水排气系统。

补水排气系统通过膨胀水壶与电池、电机、暖风回路连接，分别为三个回路补水，电池和电机驱动共用一个分水箱排气，暖风回路用一个分水箱排气。

（6）空气质量管理系统。

空气质量管理系统依靠PM2.5传感器进行监测，通过大屏显示，智能开启空调，过滤空气；依靠等离子发生器杀菌除尘，净化空气；依靠二氧化碳传感器进行尾气防护。

2. 冷却控制路径

整个热管理系统的水路是相互连通的。暖风系统主要包含PTC加热器、暖风水泵、三通阀、管路、膨胀水壶（三个系统共用）。

电机、动力电池、暖风三个系统通过三合一集成式膨胀水壶连通，三个系统的排气及加注均通过膨胀水壶完成。其中电机冷却系统与动力电池温控系统的连接分串联模式和并联模式，通过四通阀实现。

在以下情况采用串联模式：

① 电机余热回收模式；

② LTR冷却电池模式；

③ 人工加注排气模式。

在其余情况下,电机冷却系统与电池温控系统为并联模式。

> **维修贴**
>
> 电机、电控及电池热管理运行如图 7-22 所示。
> (1)四通阀处于 1-4、2-3 连通状态时,电机、电控热管理系统与电池热管理系统独立运行。
> (2)四通阀处于 1-2、3-4 连通状态时,电机、电控热管理系统与电池热管理系统串联运行。
> (3)独立运行时,电池热管理系统通过电池换热器获得低温冷却液,冷却动力电池;通过水水换热器获得高温冷却液,加热动力电池。
> (4)独立运行时,电机、电控热管理系统通过散热器散热,实现电机、电控系统和大屏主机的冷却。
> (5)串联运行,三通阀 1 处于 1-2 导通状态时,电机、电控系统产生的热水导入电池热管理系统,加热动力电池;三通阀 1 处于 1-3 导通状态时,动力电池和电机、电控系统的热量均通过散热器散热。

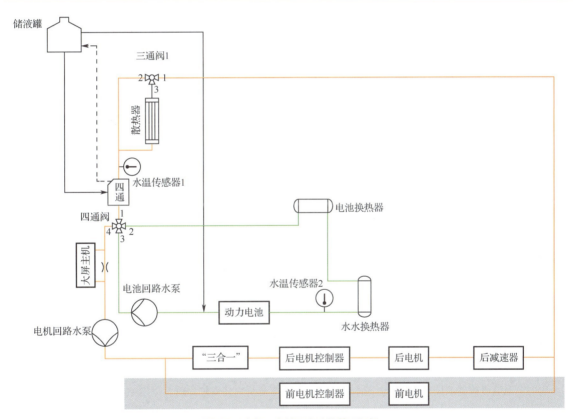

图 7-22 电机、电控及电池热管理运行

7.5.2 驱动电机冷却系统

驱动电机冷却系统主要包含电机水泵、三通阀 1、低温散热器、水温传感器、管路。

整车控制器判断驱动电机回路中某个器件温度过高就开始冷却电机,调节电机回路水泵的转速、电子风扇的转速,空调系统调整三通阀 1 位置到散热器。

当电机温度高于 75℃,电机控制器温度高于 45℃,DC/DC 转换器温度高于 60℃,车载充电机温度高于 50℃时,电机冷却系统开启。驱动电机冷却运行回路如图 7-23 所示。

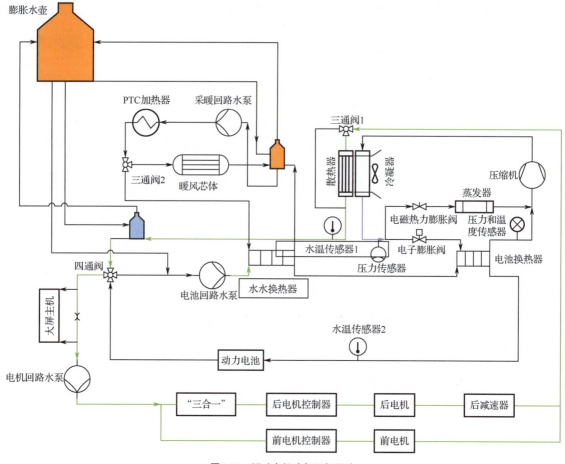

图7-23 驱动电机冷却运行回路

> 维修贴
>
> 冷却回路：电机回路水泵→电机系统→三通阀1→散热器/旁通→四通阀→电机回路水泵。

7.5.3 动力电池温度控制系统

动力电池温度控制系统主要包含电池水泵、四通阀（与电机冷却系统共用）、水温传感器、水水换热器、动力电池冷却器和管路。动力电池冷却控制原理如图7-24所示。

1. 在充电模式下的电池冷却控制

电池管理系统判断电池冷却需求，整车控制器判断是否满足电池冷却的条件，空调综合环境温度、电池回路水温、电机回路水温，判断使用压缩机制冷，从而驱动水阀和压缩机，发出水泵、风扇运行请求。

> 维修贴
>
> 在充电模式下，电池冷却回路为压缩机→冷凝器→电子膨胀阀→电池换热器→压缩机。

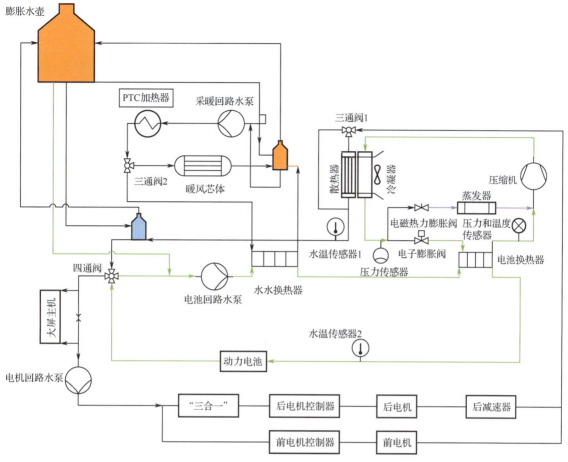

图7-24 动力电池冷却控制原理

2. 在行车模式下的电池冷却控制

整车控制器判断是否满足电池冷却的条件，空调综合环境温度、电池回路水温、电机回路水温，判断使用压缩机制冷，从而驱动水阀、压缩机，发出水泵、风扇运行请求。

在行车模式下，动力电池冷却回路为水泵→动力电池→水水换热器→电池换热器。

3. 在充电模式下的电池加热控制

电池管理系统根据电池状态判断是否有加热需求，整车控制器根据整车状态发送高压系统状态，空调计算电池需求的水温，开启PTC加热器和水泵进行加热。在充电模式下的电池加热控制原理如图7-25所示。

在充电模式下的电池加热控制冷却回路：
（1）回路1：电池回路水泵→水水换热器→电池换热器→动力电池→四通阀→电池回路水泵。
（2）回路2：采暖回路水泵→PTC加热器→三通阀2→水水换热器→采暖回路水泵。
热量交换在水水换热器中完成。

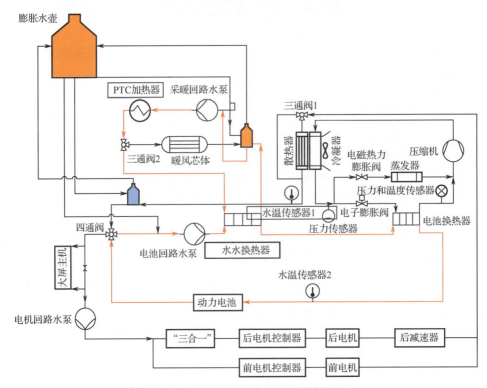

图7-25 在充电模式下的电池加热控制原理

4. 动力电池热平衡控制

单体电池最高温度和最低温度之间差值过大,或电池回路水温与电池最高温度、最低温度差值过大,从而出现冷热冲击时,电池水泵开启,进行电池热平衡。电池热平衡控制原理如图7-26所示。

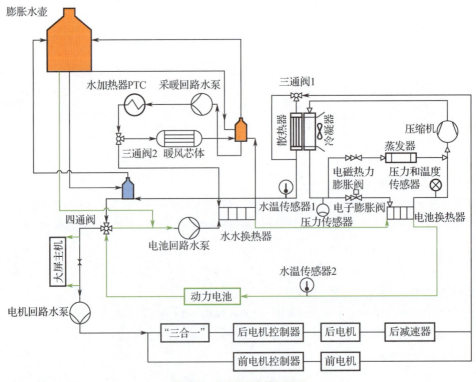

图7-26 电池热平衡控制原理

电池热平衡控制冷却回路为电池回路水泵→动力电池→水水换热器→电池换热器→电池回路水泵。

5. 电池LTR冷却和余热回收控制

电池 LTR 冷却和余热回收控制原理如图 7-27 所示。

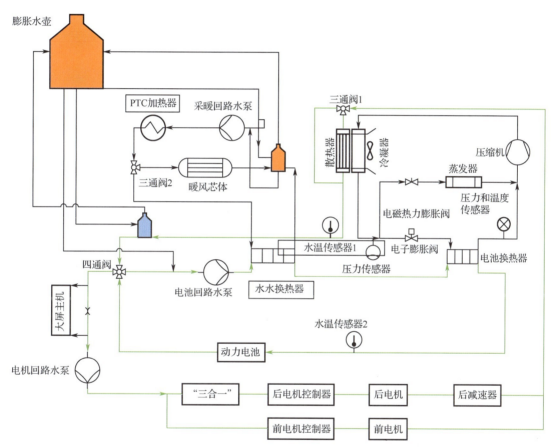

图7-27 电池LTR冷却和余热回收控制原理

（1）电池 LTR 冷却。

环境温度在 25℃以下，电池温度较高时，切换四通阀位置，将电池回路和电机回路串联，利用散热器给电池散热，达到节能目的。

（2）电池预冷。

电池温度即将达到冷却需求温度时，利用散热器预先对电池进行冷却。

（3）余热回收。

电池温度较低、电机回路水温高于电池回路水温一定值时，将电池和电机回路串联，利用电机回路中的热量给电池加热，使电池处于适宜的工作温度，达到节能目的。

> 冷却回路为四通阀→电机回路水泵→电机系统→三通阀1→散热器/旁通→四通阀→电池回路水泵→水水换热器→电池换热器→动力电池→四通阀。

7.5.4 水泵控制

1. 驱动电机回路水泵

（1）控制方式。

驱动电机回路水泵为 PWM 控制。

（2）控制策略。

① 在电机驱动系统有散热请求时水泵开启。

② 热管理回路串联，在进行热回收时水泵开启，其转速此时和电池水泵转速相同。

③ 在电池有 LTR 冷却请求时水泵开启。

2. 动力电回路水泵

（1）控制方式。

动力电池回路水泵为 PWM 控制。

（2）控制策略。

① 在动力电池有加热或制冷请求时水泵开启。

② 在动力电池内部温差较大、需要热平衡时水泵开启。

3. 暖风回路水泵

（1）控制方式。

暖风回路水泵为 PWM 控制。PWM 电压范围为 –5 ～ +5 V。

（2）功能。

驱动采暖回路冷却液将热量输送到暖风芯体或水水换热器。

（3）控制策略。

① 在有空调加热请求时水泵开启。

② 在有电池加热请求时水泵开启。

③ 在同时有空调加热请求和电池加热请求时水泵开启。

④ 在打开左右双温区时，水泵开启。

⑤ 在除雾模式下，若 PTC 加热器需开启，则水泵开启。

7.6 空调维修和操作

7.6.1 拆装电动水泵

1. 拆卸事项

（1）准备工作。

① 将车辆驶入举升机举升位置，启用驻车制动，整车电源处于"OFF"状态。

② 断开低压电池负极。
③ 举升车辆。
（2）拆卸发动机舱前下护板总成。
（3）拆卸左前车轮总成。
（4）排放暖风系统冷却液。
（5）拆卸电动水泵总成。
① 断开接插件，如图 7-28 所示。
② 断开水管 1、2 与电动水泵总成的连接，如图 7-29 所示。
③ 拆卸 2 颗固定螺栓，取下电动水泵总成，如图 7-30 所示。

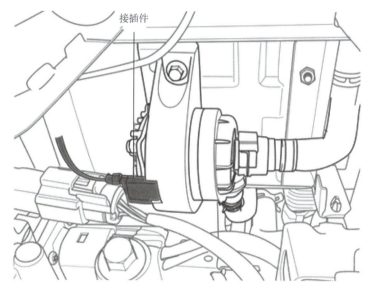

图7-28　断开接插件

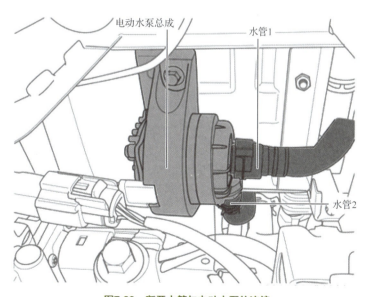

图7-29　断开水管与电动水泵的连接

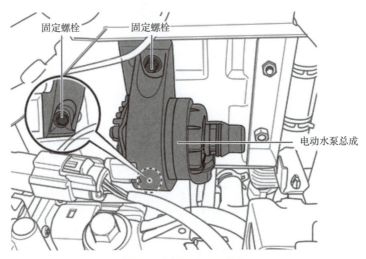

图7-30 拆卸电动水泵总成

2. 安装事项

（1）安装电动水泵。

① 将电动水泵放置到安装位置，安装固定螺栓并紧固。

② 将水管连接到电动水泵总成。

③ 连接接插件。

（2）加注暖风系统冷却液。

（3）安装左前车轮总成和发动机舱前下护板总成。降下车辆，连接低压电池负极。启动车辆，检查暖风系统是否正常工作。

7.6.2 拆装电动压缩机

1. 拆卸事项

（1）准备工作。

① 将车辆驶入举升机举升位置，启用驻车制动，整车电源处于"OFF"状态。

② 断开低压电池负极。

③ 举升车辆。

（2）回收制冷剂。

（3）拆卸左前车轮总成。

（4）拆卸电动压缩机总成。

① 拆卸固定螺栓，断开空调管路1、2与压缩机总成的连接，如图7-31所示。

注意：断开空调管路后应及时密封或堵塞管路接口，避免异物进入。

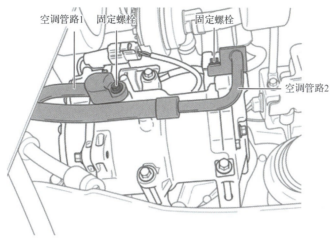

图7-31 断开空调管路与电动压缩机总成的连接

② 断开接插件,拆卸 4 颗固定螺栓,取下电动压缩机总成(图 7-32)。

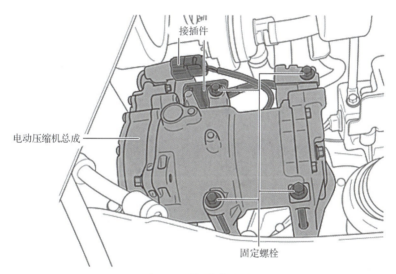

图7-32 拆卸电动压缩机

2. 安装事项

(1)安装电动压缩机总成。

① 将电动压缩机总成放置到安装位置,安装固定螺栓并紧固,连接接插件。

② 将空调管路连接到电动压缩机总成,安装固定螺栓并紧固。

> 维修贴
>
> 空调管路 O 形圈为一次性部件,每次安装都需要更换。

(2)安装左前车轮总成。

(3)加注制冷剂。

(4)降下车辆,连接低压电池负极,启动车辆,检查空调制冷系统是否正常工作。

7.6.3 空调控制系统故障

空调控制系统故障如表 7-1，可根据表中内容进行排查。

表7-1 空调控制系统故障

故障/诊断显示	故障生成/故障内容	可能故障原因	故障检查
系统过压或欠压	电压大于16 V或小于9 V，持续时间大于3 s	供电电压过高	检查供电
ECAN关闭	3次连续Bus-off	CAN线路故障	检查CAN线路
与VCU丢失通信	VCU报文连续丢失10个周期	① VCU故障 ② CAN线路故障	检查VCU及CAN线路
与BMS丢失通信	BMS报文连续丢失10个周期	① BMS故障 ② CAN线路故障	检查BMS及CAN线路
与中央网关丢失通信	中央网关报文连续丢失10个周期	① 中央网关故障 ② CAN线路故障	检查中央网关及CAN线路
左吹面温度传感器对地短路	ADC输入电压 = 0 V，持续时间大于3 s	传感器故障，对地短路	检查传感器和线束
左吹面温度传感器开路、对电源短路	ADC输入电压≥5 V，持续时间大于3 s	传感器故障，对电源短路	检查传感器和线束
右吹面温度传感器对地短路	ADC输入电压 = 0 V，持续时间大于3 s	传感器故障，对地短路	检查传感器和线束
右吹面温度传感器开路、对电源短路	ADC输入电压≥5 V，持续时间大于3 s	传感器故障，对电源短路	检查传感器和线束
左吹脚温度传感器对地短路	ADC输入电压 = 0 V，持续时间大于3 s	传感器故障，对地短路	检查传感器和线束
左吹脚温度传感器开路、对电源短路	ADC输入电压≥5 V，持续时间大于3 s	传感器故障，对电源短路	检查传感器和线束
右吹脚温度传感器对地短路	ADC输入电压 = 0 V，持续时间大于3 s	传感器故障，对地短路	检查传感器和线束
右吹脚温度传感器开路、对电源短路	ADC输入电压≥5 V，持续时间大于3 s	传感器故障，对电源短路	检查传感器和线束
蒸发器温度传感器对地短路	ADC输入电压 = 0 V，持续时间大于3 s	传感器故障，对地短路	检查传感器和线束
蒸发器温度传感器开路、对电源短路	ADC输入电压≥5 V，持续时间大于3 s	传感器故障，对电源短路	检查传感器和线束
模式风门反馈对地短路	ADC输入电压 = 0 V，持续时间大于3 s	电机故障，线束故障	检查电机和线束
模式风门反馈开路、对电源短路	ADC输入电压≥5 V，持续时间大于3 s	电机故障，线束故障	检查电机和线束
左温度风门反馈对地短路	ADC输入电压 = 0 V，持续时间大于3 s	电机故障，线束故障	检查电机和线束
左温度风门反馈开路、对电源短路	ADC输入电压≥5 V，持续时间大于3 s	电机故障，线束故障	检查电机和线束
右温度风门反馈对地短路	ADC输入电压 = 0 V，持续时间大于3 s	电机故障，线束故障	检查电机和线束
右温度风门反馈开路、对电源短路	ADC输入电压≥5 V，持续时间大于3 s	电机故障，线束故障	检查电机和线束
新回风门反馈对地短路	ADC输入电压 = 0 V，持续时间大于3 s	电机故障，线束故障	检查电机和线束

续表

故障/诊断显示	故障生成/故障内容	可能故障原因	故障检查
新回风风门反馈开路、对电源短路	ADC输入电压≥5 V，持续时间大于3 s	电机故障，线束故障	检查电机和线束
模式风门控制回路开路	风门电机控制开路	电机故障，线束开路	检查电机和线束
模式风门控制回路过流	风门电机控制短路	电机故障，线束短路	检查电机和线束
模式风门控制故障	风门位置与命令偏差大于10%，持续时间大于10 s	电机故障，风门堵住	检查电机和空调箱
左温度风门控制回路开路	风门电机控制开路	电机故障，线束开路	检查电机和线束
左温度风门控制回路过流	风门电机控制短路	电机故障，线束短路	检查电机和线束
左温度风门控制故障	风门位置与命令偏差大于10%，持续时间大于10 s	电机故障，风门堵住	检查电机和空调箱
右温度风门控制回路开路	风门电机控制开路	电机故障，线束开路	检查电机和线束
右温度风门控制回路过流	风门电机控制短路	电机故障，线束短路	检查电机和线束
右温度风门控制故障	风门位置与命令偏差大于10%，持续时间大于10 s	电机故障，风门堵住	检查电机和空调箱
新回风风门控制回路开路	风门电机控制开路	电机故障，线束开路	检查电机和线束
新回风风门控制回路过流	风门电机控制短路	电机故障，线束短路	检查电机和线束
新回风风门控制故障	风门位置与命令偏差大于10%，持续时间大于10 s	电机故障，风门堵住	检查电机和空调箱
鼓风机电压反馈对地短路	ADC输入电压＝0 V，持续时间大于3 s	鼓风机故障，场效应管调速模块故障	检查传感器和线束
鼓风机电压反馈开路、对电源短路	ADC输入电压≥5 V，持续时间大于3 s	鼓风机故障，场效应管调速模块故障	检查传感器和线束
鼓风机电压反馈不匹配	控制与反馈不匹配>10%，持续时间超过3 s	鼓风机故障，场效应管调速模块故障	检查场效应管调速模块和鼓风机
车内温度传感器对地短路	ADC输入电压＝0 V，持续时间大于3 s	传感器故障，对地短路	检查传感器和线束
车内传感器开路、对电源短路	ADC输入电压≥5 V，持续时间大于3 s	传感器故障，对电源短路	检查传感器和线束
环境温度传感器对地短路	ADC输入电压＝0 V，持续时间大于3 s	传感器故障，对地短路	检查传感器和线束
环境温度传感器开路、对电源短路	ADC输入电压≥5 V，持续时间大于3 s	传感器故障，对电源短路	检查传感器和线束
PM2.5传感器故障	PWM反馈不在范围，持续时间大于10 s	传感器故障	检查传感器和线束
左阳光传感器对地短路	ADC输入电压＝0 V，持续时间大于3 s	传感器故障	检查传感器和线束
右阳光传感器对地短路	ADC输入电压＝0 V，持续时间大于3 s	传感器故障	检查传感器和线束
等离子发生器故障	等离子反馈与控制不匹配，持续时间大于10 s	传感器故障	检查传感器和线束
1号出风口电机过温	电机过温	电机故障	检查电机
1号出风口电机电气故障	电机电气故障	电机故障	检查电机
1号出风口电机电压故障	电机电压过压、欠压	电机故障	检查电机
1号出风口电机控制故障	电机连续异常堵转超过3次	出风口堵住	检查风道
1号出风口电机通信错误	LIN从节点无反馈或反馈通信错误，大于3 s	电机故障，LIN通信故障	检查电机和线束

续表

故障/诊断显示	故障生成/故障内容	可能故障原因	故障检查
2号出风口电机过温	电机过温	电机故障	检查电机
2号出风口电机电气故障	电机电气故障	电机故障	检查电机
2号出风口电机电压故障	电机电压过压、欠压	电机故障	检查电机
2号出风口电机控制故障	电机连续异常堵转超过3次	出风口堵住	检查风道
2号出风口电机通信错误	LIN从节点无反馈或反馈通信错误，大于3 s	电机故障，LIN通信故障	检查电机和线束
3号出风口电机过温	电机过温	电机故障	检查电机
3号出风口电机电气故障	电机电气故障	电机故障	检查电机
3号出风口电机电压故障	电机电压过压、欠压	电机故障	检查电机
3号出风口电机控制故障	电机连续异常堵转超过3次	出风口堵住	检查风道
3号出风口电机通信错误	LIN从节点无反馈或反馈通信错误，大于3 s	电机故障，LIN通信故障	检查电机和线束
4号出风口电机过温	电机过温	电机故障	检查电机
4号出风口电机电气故障	电机电气故障	电机故障	检查电机
4号出风口电机电压故障	电机电压过压、欠压	电机故障	检查电机
4号出风口电机控制故障	电机连续异常堵转超过3次	出风口堵住	检查风道
4号出风口电机通信错误	LIN从节点无反馈或反馈通信错误，大于3 s	电机故障，LIN通信故障	检查电机和线束
5号出风口电机过温	电机过温	电机故障	检查电机
5号出风口电机电气故障	电机电气故障	电机故障	检查电机
5号出风口电机电压故障	电机电压过压、欠压	电机故障	检查电机
5号出风口电机控制故障	电机连续异常堵转超过3次	出风口堵住	检查风道
5号出风口电机通信错误	LIN从节点无反馈或反馈通信错误，大于3 s	电机故障，LIN通信故障	检查电机和线束
6号出风口电机过温	电机过温	电机故障	检查电机
6号出风口电机电气故障	电机电气故障	电机故障	检查电机
6号出风口电机电压故障	电机电压过压、欠压	电机故障	检查电机
6号出风口电机控制故障	电机连续异常堵转超过3次	出风口堵住	检查风道
6号出风口电机通信错误	LIN从节点无反馈或反馈通信错误，大于3 s	电机故障，LIN通信故障	检查电机和线束
7号出风口电机过温	电机过温	电机故障	检查电机
7号出风口电机电气故障	电机电气故障	电机故障	检查电机
7号出风口电机电压故障	电机电压过压、欠压	电机故障	检查电机
7号出风口电机控制故障	电机连续异常堵转超过3次	出风口堵住	检查风道
7号出风口电机通信错误	LIN从节点无反馈或反馈通信错误，大于3 s	电机故障，LIN通信故障	检查电机和线束
8号出风口电机过温	电机过温	电机故障	检查电机
8号出风口电机电气故障	电机电气故障	电机故障	检查电机
8号出风口电机电压故障	电机电压过压、欠压	电机故障	检查电机
8号出风口电机控制故障	电机连续异常堵转超过3次	出风口堵住	检查风道
8号出风口电机通信错误	LIN从节点无反馈或反馈通信错误，大于3 s	电机故障，LIN通信故障	检查电机和线束
AQS通信错误	LIN从节点无反馈或反馈通信错误，大于3 s	传感器故障，LIN通信故障	检查传感器和线束
四通阀（C4WV1）位置丢失故障	水阀报错	阀件故障	检查阀件

续表

故障/诊断显示	故障生成/故障内容	可能故障原因	故障检查
四通阀（C4WV1）位置控制超时	水阀报错	阀件故障	检查阀件
四通阀（C4WV1）堵转错误	水阀报错	阀件故障	检查阀件
四通阀（C4WV1）命令错误	水阀报错	阀件故障	检查阀件
四通阀（C4WV1）自学习故障	水阀报错	阀件故障	检查阀件
四通阀（C4WV1）电机短路	水阀报错	阀件故障	检查阀件
四通阀（C4WV1）电机开路	水阀报错	阀件故障	检查阀件
四通阀（C4WV1）电机驱动过温	水阀报错	阀件故障	检查阀件
四通阀（C4WV1）通信错误	LIN从节点无反馈或反馈通信错误，大于3 s	阀件故障，LIN通信故障	检查阀件和线束
三通阀（CDV1）位置丢失故障	水阀报错	阀件故障	检查阀件
三通阀（CDV1）位置控制超时	水阀报错	阀件故障	检查阀件
三通阀（CDV1）堵转错误	水阀报错	阀件故障	检查阀件
三通阀（CDV1）命令错误	水阀报错	阀件故障	检查阀件
三通阀（CDV1）自学习故障	水阀报错	阀件故障	检查阀件
三通阀（CDV1）电机短路	水阀报错	阀件故障	检查阀件
三通阀（CDV1）电机开路	水阀报错	阀件故障	检查阀件
三通阀（CDV1）电机驱动过温	水阀报错	阀件故障	检查阀件
三通阀（CDV1）通信错误	LIN从节点无反馈或反馈通信错误，大于3 s	阀件故障，LIN通信故障	检查阀件和线束
三通阀（CDV2）位置丢失故障	水阀报错	阀件故障	检查阀件
三通阀（CDV2）位置控制超时	水阀报错	阀件故障	检查阀件
三通阀（CDV2）堵转错误	水阀报错	阀件故障	检查阀件
三通阀（CDV2）命令错误	水阀报错	阀件故障	检查阀件
三通阀（CDV2）自学习故障	水阀报错	阀件故障	检查阀件
三通阀（CDV2）电机短路	水阀报错	阀件故障	检查阀件
三通阀（CDV2）电机开路	水阀报错	阀件故障	检查阀件

续表

故障/诊断显示	故障生成/故障内容	可能故障原因	故障检查
三通阀（CDV2）电机驱动过温	水阀报错	阀件故障	检查阀件
三通阀（CDV2）通信错误	LIN从节点无反馈或反馈通信错误，大于3 s	阀件故障，LIN通信故障	检查阀件和线束
电加热器内部故障	读取到错误	电加热器故障，LIN通信故障	检查PTC加热器
电加热器外部故障	读取到错误	电加热器故障，LIN通信故障	检查PTC加热器
电加热器通信丢失	LIN从节点无反馈或反馈通信错误，大于3 s	电加热器故障，LIN通信故障	检查PTC加热器和线束
压力和温度传感器压力反馈对地短路	ADC输入电压＝0 V，持续时间大于3 s	传感器故障，对地短路	检查传感器和线束
压力和温度传感器压力反馈对电源短路	ADC输入电压≥5 V，持续时间大于3 s	传感器故障，对电源短路	检查传感器和线束
压力和温度传感器温度反馈对地短路	ADC输入电压＝0 V，持续时间大于3 s	传感器故障，对地短路	检查传感器和线束
压力和温度传感器温度反馈对电源短路	ADC输入电压≥5 V，持续时间大于3 s	传感器故障，对电源短路	检查传感器和线束
压力和温度传感器开路	ADC输入电压＝0 V，持续时间大于3 s	传感器故障，对地短路	检查传感器和线束
电子膨胀阀开路	电子膨胀阀电机线圈开路故障	电子膨胀阀驱动故障，开路	检查电子膨胀阀和线束
电子膨胀阀堵转	电子膨胀阀堵转故障	电子膨胀阀驱动故障	检查电子膨胀阀
热力膨胀阀开路	热力膨胀阀线圈开路	热力膨胀阀故障，开路	检查热力膨胀阀和线束
热力膨胀阀驱动故障	热力膨胀阀过流故障	热力膨胀阀故障	检查热力膨胀阀
电动压缩机通信错误	电动压缩机通信超过3 s无反馈	压缩机故障	检查压缩机和系统状态
电动压缩机高压过压	读取到高压过压故障	压缩机故障，高压供电故障	检查压缩机和系统状态
电动压缩机高压欠压	读取到高压欠压故障	压缩机故障，高压供电故障	检查压缩机和系统状态
电动压缩机逆变器过高温	读取到过高温故障	压缩机故障	检查压缩机和系统状态
电动压缩机逆变器过低温	读取到过低温故障	压缩机故障	检查压缩机和系统状态
电动压缩机短路	读取到压缩机短路故障	压缩机故障	检查压缩机和系统状态
电动压缩机过流	读取到压缩机过流故障	压缩机故障	检查压缩机和系统状态
电动压缩机电流传感器故障	读取到压缩机电流传感器故障	压缩机故障	检查压缩机和系统状态
电动压缩机启动故障	读取到压缩机启动故障	压缩机故障	检查压缩机和系统状态
SBC故障	读取到错误标志位或者SPI通信无响应	SBC芯片故障	检查、更换控制盒
电子膨胀阀驱动芯片故障	读取到错误标志位或者SPI通信无响应	电子膨胀阀驱动故障	检查、更换控制盒
风门电机驱动芯片故障	读取到错误标志位或者SPI通信无响应	电机驱动芯片故障	检查、更换控制盒
除雾传感器湿度反馈对地短路	ADC输入电压＝0 V，持续时间大于3 s	传感器故障，对地短路	检查传感器和线束

续表

故障/诊断显示	故障生成/故障内容	可能故障原因	故障检查
除雾传感器湿度反馈开路、对电源短路	ADC输入电压≥5 V，持续时间大于3 s	传感器故障，对电源短路	检查传感器和线束
除雾传感器玻璃温度反馈对地短路	ADC输入电压 = 0 V，持续时间大于3 s	传感器故障，对地短路	检查传感器和线束
除雾传感器玻璃温度反馈开路或对电源短路	ADC输入电压≥5 V，持续时间大于3 s	传感器故障，对电源短路	检查传感器和线束
除雾传感器温度反馈对地短路	ADC输入电压 = 0 V，持续时间大于3 s	传感器故障，对地短路	检查传感器和线束
除雾传感器温度反馈开路或对电源短路	ADC输入电压≥5 V，持续时间大于3 s	传感器故障，对电源短路	检查传感器和线束
采暖水泵无反馈	没有检测到PWM输入信号，持续时间大于3 s	水泵故障，线束故障	检查水泵和线束
采暖水泵干转	检测到水泵干转，持续时间大于3 s	冷却液不足	检查冷却液液位
采暖水泵堵转或过流	检测到水泵堵转或过流，持续时间大于3 s	水泵故障	检查水泵状态
采暖水泵过温	检测到过温，持续时间大于3 s	水泵故障	检查水泵状态
采暖水泵转速过低	检测到水泵转速过低，持续时间大于3 s	水泵故障	检查水泵状态

第8章 减速器认知与快修

8.1 减速器认知

8.1.1 减速器在车上布局

增程式插电混合动力汽车和纯电动汽车使用的都是减速器,因为它们都是由驱动电机直接驱动车轮。减速器在整车的布局如图 8-1 所示。减速器组成结构如图 8-2 所示。

图8-1 减速器在整车的布局

维修贴

增程式混合动力汽车的发动机是用于驱动发电机给动力电池充电的设备,因为发动机并不直接驱动车轮,所以不需要像传统燃油汽车那样的多速变速器。

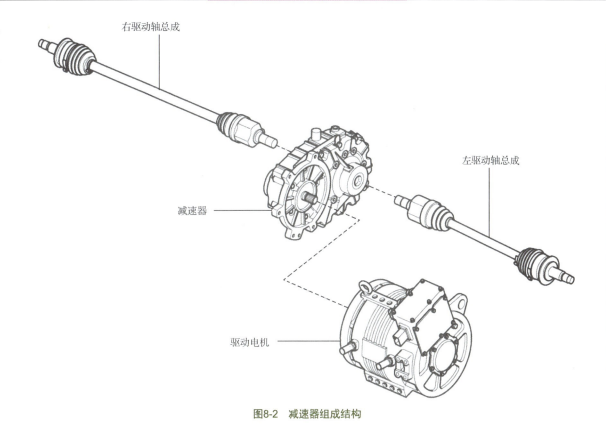

图8-2 减速器组成结构

电动机的速度与扭矩特性非常适合纯电动汽车驱动的需求,纯电动汽车的驱动系统使用单速变速器,即减速器,不再需要多挡位的变速器,驱动系统结构得以大幅度简化。减速器功率流如图8-3所示。

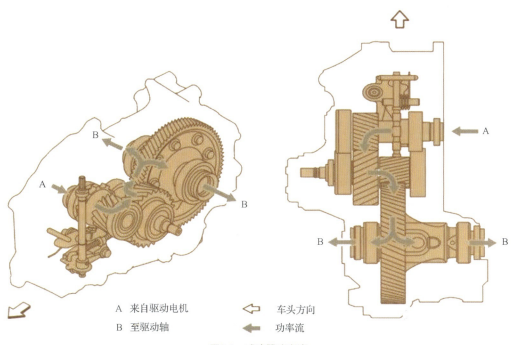

A 来自驱动电机
B 至驱动轴
⇦ 车头方向
⇦ 功率流

图8-3 减速器功率流

减速器最大的作用就是降低转速，增加输出扭矩。

电动汽车减速器中传动系统根据电机调速和反转原理来驱动输入轴改变转动速度和方向，从而产生不同传动比的行车挡和倒挡。当换挡操纵机构处于行车挡时，扭矩由驱动电机直接传送到减速器输入轴，然后通过输入轴齿轮传送到中间轴小齿轮和主减速从动齿轮，再传送到驱动轴。汽车在启动后和行驶过程中，通过改变电机转速来改变行驶速度。

减速器将后驱动电机的驱动力通过齿轮机构传输到两侧后轮端，当汽车转弯行驶或在不平路面上行驶时，通过减速器使左右车轮以不同的转速转动，即保证两侧驱动车轮做纯滚动运动。

图 8-4 为电动汽车减速器运行示意图。

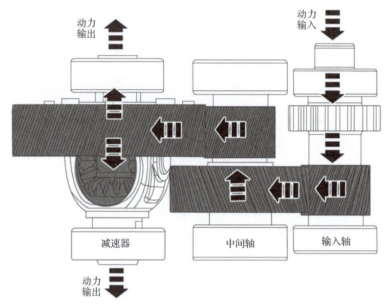

图8-4　电动汽车减速器运行示意图

减速器介于驱动电机和驱动半轴之间，驱动电机的动力输出轴通过花键直接与减速器输入轴齿轮连接。一方面，减速器将驱动电机的动力传给驱动半轴，起到降低转速、增加扭矩的作用；另一方面，当汽车转弯及在不平路面上行驶时，减速器使左右驱动轮以不同的转速旋转，保证车辆平稳运行。当车辆处在驻车挡时，锁止装置锁止减速器。

减速器与驱动电机外部连接如图 8-5 所示。

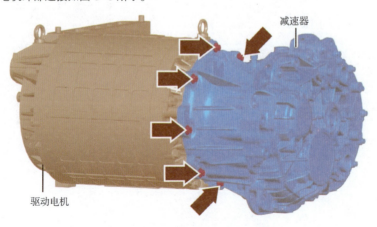

图8-5　减速器与驱动电机外部连接

驱动电机输出轴上的花键如图8-6所示。

图8-6　驱动电机输出轴上的花键

8.1.2　减速器结构

1. 减速器总成外围部件

减速器齿轮箱通常采用单挡常啮合传动齿轮，不具备物理空挡功能，主要实现降低转速、增加扭矩的功能，并把驱动电机的扭矩传递到驱动半轴和车轮。齿轮箱内部有润滑油，用于润滑传动齿轮，所以减速器有油封等密封件及其他外围部件，如图8-7所示。

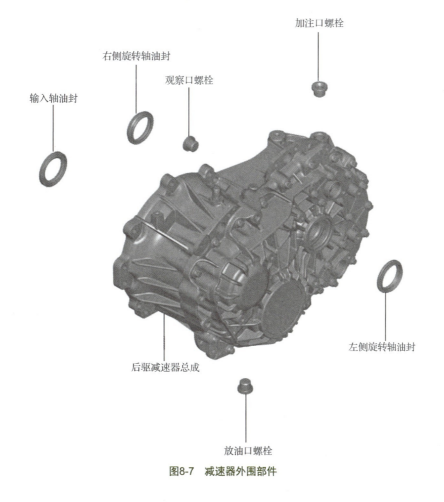

图8-7　减速器外围部件

> 蔚来某款电动汽车减速器齿轮箱传动比为9.57。前电机驱动系统齿轮箱齿轮油容量为1.3L，后电机驱动系统齿轮箱齿轮油容量为1.1L。

2. 2挡减速器

图8-8所示为电动机械式2挡减速器内部结构。驾驶员只能通过选择驾驶模式来间接影响换挡过程。控制单元控制换挡执行机构，使其挂挡。

图8-8　电动机械式2挡减速器内部结构

电机产生的扭矩通过结构连接方式传输至减速器输入轴，在此通过一个换挡啮合套接通1挡或2挡，随后通过相应齿轮组和一个中间轴将扭矩传输至差速器。差速器将扭矩分配给两个输出端并在两个驱动轮之间进行转速补偿。

在换挡过程中，换挡执行机构在两个挡位间进行切换。它由一个12 V直流电机和一个螺杆传动装置构成。螺杆传动装置将发动机的圆周运动转化为直线运动，从而移动换挡拨叉。

如果始终以无负荷状态换挡，就要在换挡前降低电机负荷。换挡执行机构脱开挡位后，根据切换的挡位调节电机转速。控制单元调节转速和控制电机。随后，换挡执行机构挂入新的挡位。只有PLCD传感器确认挂挡且控制单元调节过电机转速后，电机负荷才会重新提高。在通常情况下，驾驶员不会对整个换挡过程有所察觉。当换挡执行机构或控制单元失灵时，换挡拨叉保持在当前位置。

> PLCD 传感器即永磁线性非接触式位移传感器,负责探测换挡拨叉的位置。PLCD 传感器主要由一个用软磁材料制成的特殊磁芯构成。整个磁芯上缠有一个线圈(初级线圈),磁芯两端各有一个较短的分析线圈。PLCD 传感器结构原理如图 8-9 所示。

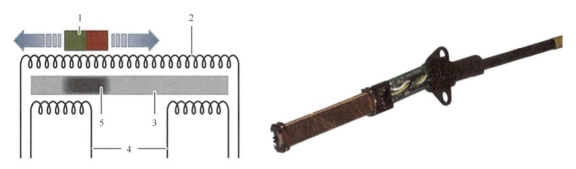

1- 永磁铁(固定在换挡拨叉上);2- 初级线圈;3- 磁芯;4- 分析线圈;5- 饱和区域

图8-9 PLCD传感器结构

换挡拨叉上的永磁铁造成局部磁饱和,从而对磁芯进行虚拟分隔。

如果为初级线圈提供适当的交流电,分析线圈内就会根据饱和区域的位置产生相应的电压。通过这种方式可确定磁芯虚拟部分的长度与饱和区域的位置。控制单元为传感器供电并处理信号。PLCD 传感器为初级线圈提供所需交流电压。

3. 单挡减速器

图 8-10 和图 8-11 所示为四轮驱动电动汽车上的前后单挡减速器齿轮箱内部结构。

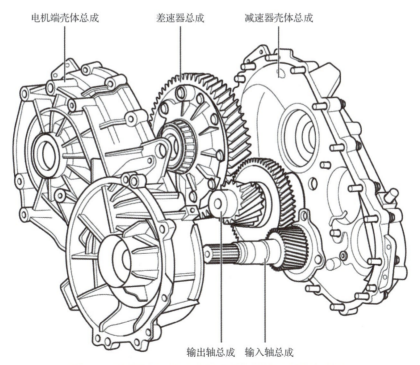

图8-10 四轮驱动电动汽车单挡减速器齿轮箱内部结构(前)

采用单挡减速器时，纯电动乘用车的动力性能完全取决于驱动电机，对驱动电机性能的要求较高，要求驱动电机既能在恒扭矩区提供较高的驱动扭矩，又能在恒功率区提供较高的转速，以满足车辆加速、爬坡与高速行驶的要求。

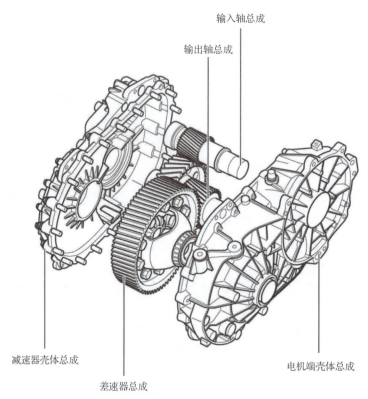

图8-11 四轮驱动电动汽车单挡减速器齿轮箱内部结构（后）

单级变速器使电机产生的扭矩输出一步到位，这样不间断的动力输出对起步加速有利，但不利于车辆的经济性与舒适性。目前市场上主流的车型还是采用单挡减速器，主要是因为驱动电机的特性与内燃机不同，驱动电机一般具有低速恒扭矩和高速恒功率的特性，在很低的转速下就能产生很大的扭矩，不像内燃机需要通过减速增扭来起步。

图 8-12 ~ 图 8-14 为奥迪 Q4 e-tron 前置电机驱动单元，由单挡变速器、电机和电力电子设备组成。单挡变速器单元降低了电机转速，并且在相同的比率下增加了前轮的驱动扭矩。

该电机驱动单元有一个用于传动单元和电机驱动模块的联合免维护油系统。没有使用检查塞检查正确油位的规定。如果需要维修，就必须将油充分排干，然后重新将油填充到指定的水平位置。这样可确保电机驱动单元有正确的油位。变速器油室的放油塞和电机油室的放油塞都必须打开，以完全排出齿轮油。为了让所有的油都排出，车辆必须是水平的。油大约需要 10 min 完全排出。

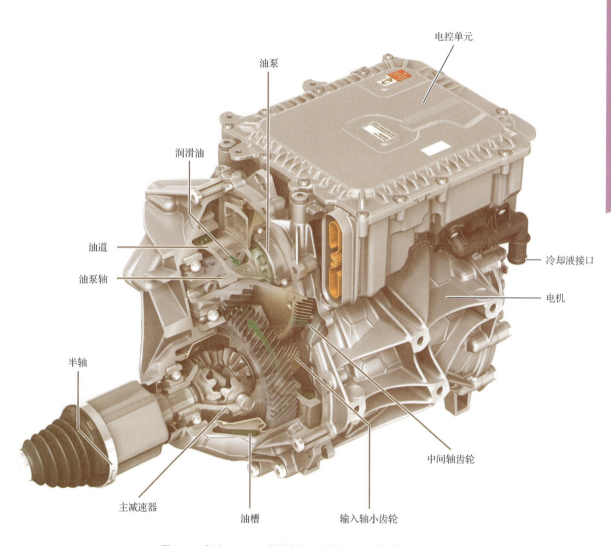

图8-12 奥迪Q4 e-tron前置电机驱动单元——减速器内部结构

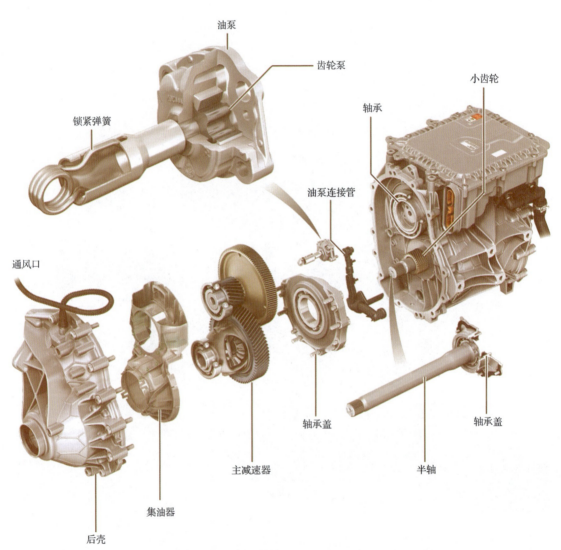

图8-13 奥迪Q4 e-tron前置电机驱动单元——减速器齿轮传动部件

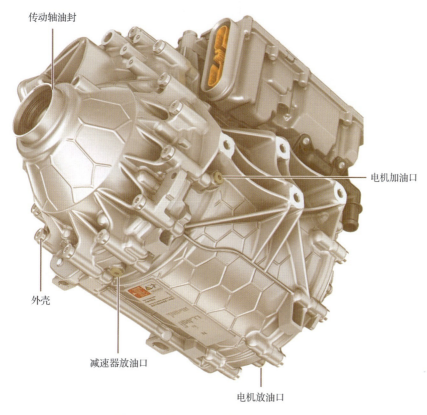

图8-14 奥迪Q4 e-tron前置电机驱动单元外观

8.2 减速器电气控制

8.2.1 减速器控制过程

驾驶员操作电子换挡器进入 P 挡，电子换挡器将驻车请求信号发送给整车控制器，整车控制器结合当前驱动电机转速及轮速情况判断是否符合驻车条件。当符合条件时，整车控制器发送驻车指令给减速器控制器（TCU），减速器控制器控制驻车电机进入 P 挡，锁止减速器。驻车完成后，减速器控制器将收到减速器发出的 P 挡位置信号，并将此信号反馈给整车控制器，完成换挡过程。

驾驶员操作电子换挡器退出 P 挡，电子换挡器将解除驻车请求信号发送给整车控制器，整车控制器结合当前驱动电机转速及转速情况判断是否满足解除驻车条件。当符合条件时，整车控制器发送解除驻车指令给减速器控制器，减速器控制器控制电机解除 P 挡锁止减速器。解除驻车完成后，减速器控制器将收到减速器发出的挡位位置信号，并将此信号反馈给整车控制器，完成换挡过程。图 8-15 为减速器控制示意图。

> **维修贴**
>
> 单传动比减速器只有一个前进挡、一个空挡和一个驻车挡，无倒挡（倒挡靠驱动电机反转实现）。当车辆处在驻车挡时，减速器会通过一套锁止装置锁止减速器。驻车机构如图 8-16 所示。

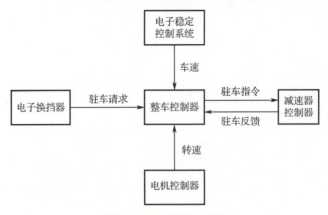

图8-15 减速器控制示意图

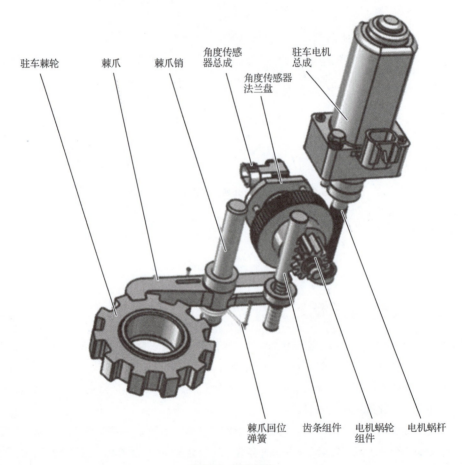

图8-16 驻车机构

8.2.2 减速器控制原理

减速器控制器控制减速器上的换挡电机。驻车电机有一个编码器,输出一个代码,用来确定驻车电机位置。减速器控制器接口通过CAN总线接收来自其他车辆系统的信息(驱动电机转速、车速、驻车指令等)。减速器控制器接收相关的换挡条件和换挡请求,直接控制驻车电机驱动棘爪扣入或松开棘轮,实现驻车或解除驻车功能。减速器控制原理如图8-17所示。

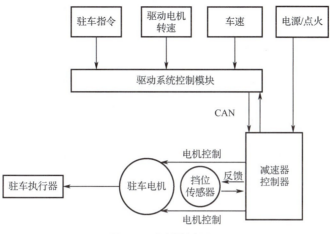

图8-17 减速器控制原理

8.3 换挡电机故障

8.3.1 减速器换挡条件

1. 驻车换挡驻车条件

（1）无普通编码器故障。

（2）无电机开路、对地短路、对电源短路故障。

（3）供电电压在 14 V 左右。

（4）上一次换挡过程已完成。

（5）接收到整车控制器的锁止请求。

（6）车速小于 5 km/h。

2. 驻车换挡解除驻车条件

（1）无普通编码器故障。

（2）无电机开路、对地短路、对电源短路故障。

（3）供电电压在 14 V 左右。

（4）上一次换挡过程已完成。

（5）接收到整车控制器的解锁请求。

（6）车轮未发生滑移。

8.3.2 换挡电机故障检测

图 8-18 和图 8-19 为 2019 款帝豪 GS 减速器控制电路。当换挡电机存在故障，进行故障诊断时，通常会显示编码器位置无效、编码器对地短路、换挡电机开路、换挡电机对电源短路、换挡电机对地短路等故障信息，需要根据电路图解决问题。

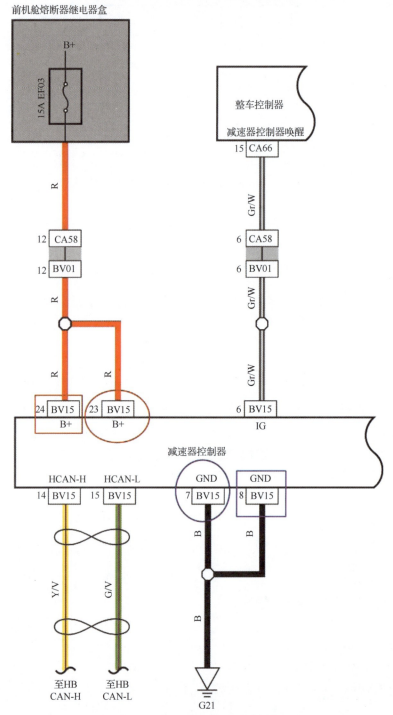

图8-18 2019款帝豪GS减速器控制电路（1）

1. 检测减速器控制器电源电路

检测要点：执行车辆下电程序，断开减速器控制器线束连接器，然后再执行车辆上电程序。按照表8-1并参考电路图来检测电路，如果不符合应测得结果，就应该维修或更换线束；如果线束正常，就检查控制电路。

表8-1 检测减速器控制器电源电路

检查的零部件			万用表/表笔探测的两端子		检测条件	状态	应测得结果
连接器	代号	图示	红表笔连接	黑表笔连接			
减速器控制器线束连接器	BV15		BV15/23	BV15/7	上电	电压	14 V左右
			BV15/24	BV15/8	上电	电压	14 V左右

2. 检查换挡电机控制线路

检测要点：执行车辆下电程序，断开减速器控制器线束连接器、驻车电机线束连接器，然后再执行车辆上电程序。按照表 8-2、参考电路图来检测电路，如果不符合应测得结果，就应该维修或更换线束；如果依然存在故障，就按照表 8-2 检查挡位电机位置信号电路。如果信号线路正常，那么问题就出在换挡电机或控制器上，优先更换电机，如果更换电机后故障依然存在，那么更换减速器控制器。

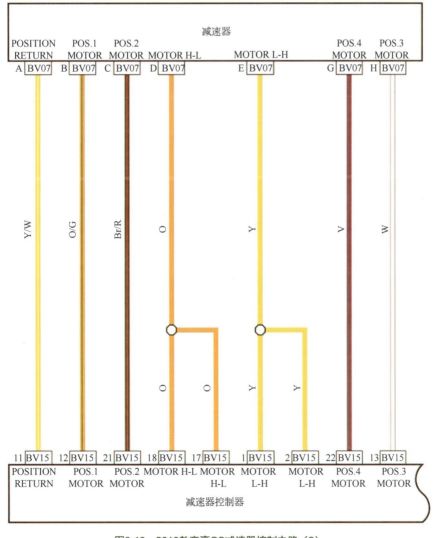

图8-19 2019款帝豪GS减速器控制电路（2）

表8-2 检查换挡电机控制线路

检查的零部件			万用表/表笔探测的两端子		检测条件	状态	应测得结果
连接器	代号	图示	红/黑表笔连接	黑/红表笔连接			
减速器控制器线束连接器	BV15	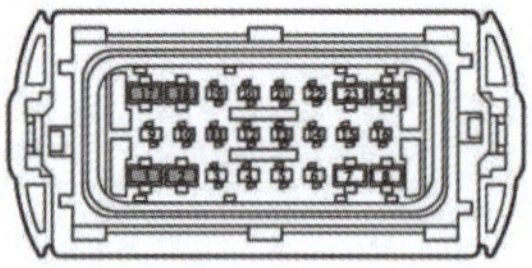	BV15/11	VB07/A	上电	电阻	小于1Ω左右
			BV15/18	VB07/D			
			BV15/17				
			BV15/1	VB07/E			
			BV15/2				
驻车电机线束连接器	BV07		BV15/11	车身接地	上电	电阻	≥10 kΩ
			BV15/17	车身接地			
			BV15/18	车身接地			
			BV15/1	车身接地			
			BV15/2	车身接地			
			BV15/11	车身接地	上电	电压	0 V
			BV15/17	车身接地			
			BV15/18	车身接地			
			BV15/1	车身接地			
			BV15/2	车身接地			

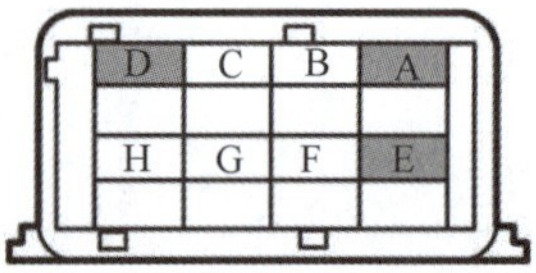

3. 检查挡位电机位置信号电路

按照表8-3所示，检查挡位电机位置信号电路。

表8-3 挡位电机位置信号电路

检查的零部件			万用表/表笔探测的两端子		检测条件	状态	应测得结果
连接器	代号	图示	红/黑表笔连接	黑/红表笔连接			
减速器控制器线束连接器	BV15	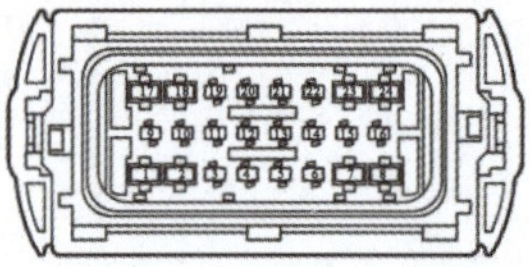	BV15/12	BV07/A	上电	电阻	小于1Ω左右
			BV15/21	BV07/C			
			BV15/22	BV07/G			
			BV15/13	BV07/H			
驻车电机线束连接器	BV07	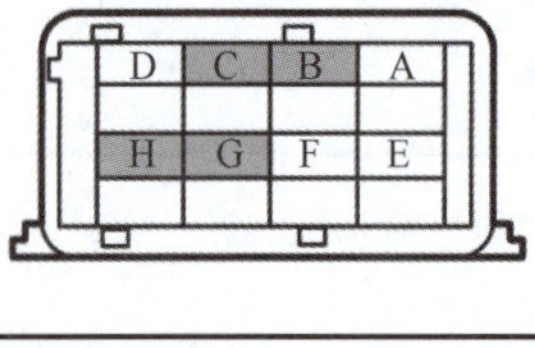	BV15/12	车身接地	上电	电阻	≥10 kΩ
			BV15/21	车身接地			
			BV15/22	车身接地			
			BV15/13	车身接地			

8.4 减速器维修与操作

8.4.1 分解减速器

按以下步骤分解减速器。

（1）拆卸后盖总成固定螺栓，取下吊耳和支架。后盖总成固定螺栓如图 8-20 所示。

（2）拆卸后盖总成，如图 8-21 所示。

（3）拆卸换挡轴总成，如图 8-22 所示。

（4）拆卸驻车棘爪，如图 8-23 所示。

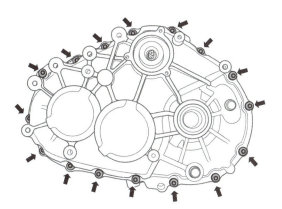

图8-20　后盖总成固定螺栓

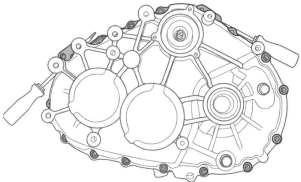

图8-21　拆卸后盖总成

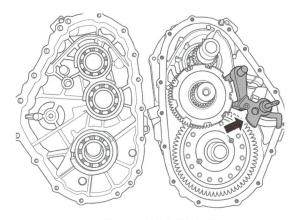

图8-22　拆卸换挡轴总成

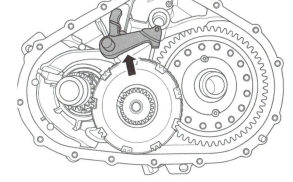

图8-23　拆卸驻车棘爪

（5）拆卸回位弹簧，如图 8-24 所示。

（6）拆卸驻车棘爪回转轴，如图 8-25 所示。

（7）拆卸输入轴，如图 8-25 所示。

（8）拆卸中间轴总成，如图 8-25 所示。

（9）拆卸差速器总成，如图 8-25 所示。

(10)拆卸挡油板固定螺栓，并取下挡油板，如图8-25所示。

(11)拆卸通气塞，并取出，如图8-26所示。

(12)拆卸壳体总成，如图8-27所示。

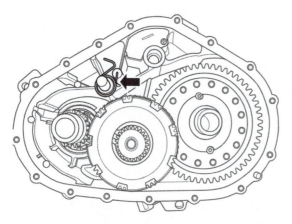

图8-24 拆卸回位弹簧

1—驻车棘爪回转轴；2—输入轴；3—中间轴总成；
4—挡油板固定螺栓；5—差速器总成

图8-25 拆卸挡油板等部件

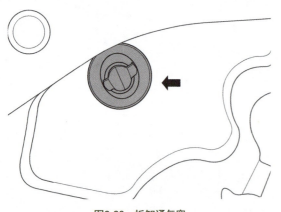

图8-26 拆卸通气塞

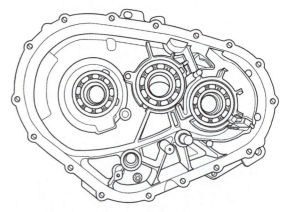

图8-27 拆卸壳体总成

8.4.2 装配减速器

根据图8-28，按以下步骤装配减速器。

(1)将通气塞安装并卡入壳体总成。

(2)安装挡油板固定螺栓。

(3)安装差速器总成。

(4)安装中间轴总成。

(5)安装输入轴。

(6)安装驻车棘爪回转轴。

(7）安装回位弹簧。

(8）安装驻车棘爪。

(9）安装换挡轴总成

(10）安装后盖总成，紧固后盖总成固定螺栓，并装入吊耳和支架。

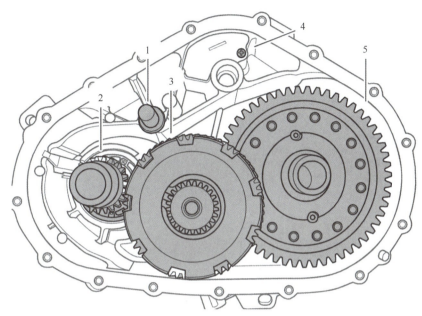

1-驻车棘爪回转轴；2-输入轴；3-中间轴总成；4-挡油板固定螺栓；5-差速器总成

图8-28 安装驻车棘爪回转轴等部件

维修贴

安装后盖时，在后盖总成与壳体总成接触面需要均匀涂抹一层密封胶。

第9章 整车控制系统认知与快修

9.1 整车控制系统认知

9.1.1 整车控制器

整车控制器是整个汽车的核心控制部件,通过硬线或 CAN 总线采集电子油门踏板信号、挡位信号、制动踏板信号及其他部件信号,并做出相应判断,控制下层的各部件控制器的动作,使汽车正常行驶。

整车控制器和高低压系统、网络系统等关联系统共同组成整车控制系统。整车控制器是整车控制系统的控制单元,类似传统发动机电脑,在混合动力汽车中简称"HCU",在纯电动汽车中简称"VCU"。整车控制器如图 9-1 所示。

图9-1 整车控制器

9.1.2 整车控制系统主要部件

根据电压等级分类,可将整车控制系统部件分为低压部件和高压部件;根据控制方式区分,可将其分为 IO 控制部件和 CAN 控制部件。整车控制系统主要部件如表 9-1 所示。

表9-1 整车控制系统主要部件

部件	低压传感器	功能
低压传感器	加速踏板位置传感器	将加速踏板深度转化为电压信号
	挡位传感器	将挡位操作转化为电压信号变化
	制动开关	将是否制动转化为高低电平信号
	水温传感器	将冷却水温度转化为电压信号
	充电口温度传感器	将充电口温度转化为电压信号
	电池电流传感器(EBS)	监控电池电压、电流、电量等信息

续表

部件	低压传感器	功能
低压执行器	水泵	循环防冻液
	散热风扇	对冷凝器进行散热
	充电指示灯与对外供电状态指示灯	显示充电与对外供电状态
	倒车灯	显示车辆处于倒车状态
	制动灯	显示车辆处于制动状态及彩蛋功能
	主动进气格栅（AGS）	控制进气与散热
高压部件	动力电池	高压电源
	高压配电箱	进行电源供电分配，保险防护
	车载电源	充电机：实现220 V交流充电功能
		DC/DC转换器：为低压部件供电，为低压电池充电
	电机控制器	将高压直流电转化为可供电机工作的三相电
	电机	驱动车辆行驶
	电动压缩机	空调制冷，电池冷却
	PTC加热器	空调制热和电池加热

1. 低压部件

低压部件分为低压传感器和低压执行器。

（1）低压传感器。

例如，加速踏板位置传感器、挡位传感器、制动开关、水温传感器、充电口温度传感器、电池电流传感器。

（2）低压执行器。

例如，水泵、散热风扇、充电指示灯、倒车灯、制动灯、主动进气格栅。

> 主动进气格栅通过改变进气格栅的开启和关闭状态来控制进气量及风阻。
> （1）冷车状态时，格栅关闭，有利于驱动模块迅速进入较佳温度状态。
> （2）格栅开启后，在散热的同时，在一定程度上降低空气阻力。

2. 高压部件

高压部件有动力电池、高压配电箱、车载电源、电机控制器、电机、电动压缩机、PTC加热器。

9.1.3　整车控制器维修电路

整车控制器主要由控制器主芯片、Flash 存储器和 RAM 存储器、CAN 通信模块、串口通信模块、电源及保护电路模块等组成。

整车控制器具体部件包括主控制芯片及其周围的时钟电路、复位电路、电源模块，数字信号处理电路、模拟信号处理电路、频率信号处理电路、通信接口电路。整车控制器采集的开关信号包括钥匙信号、挡位信号、充电开关信号、制动信号等。整车控制器采集的模拟信号有加速踏板信号、制动踏板信号、动力电池电压信号等。这些信号电路通常在维修电路图中体现出来，与整车控制器线束连接器的引脚端子对应。整车控制器电路结构如图9-2、图9-3所示。整车控制器线束连接器端子定义如表9-2所示。

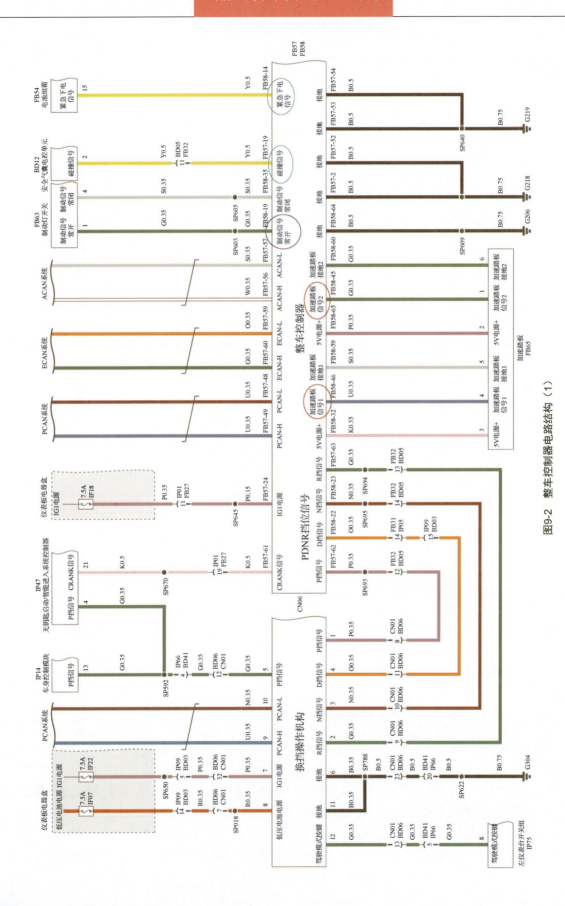

图9-2 整车控制器电路结构（1）

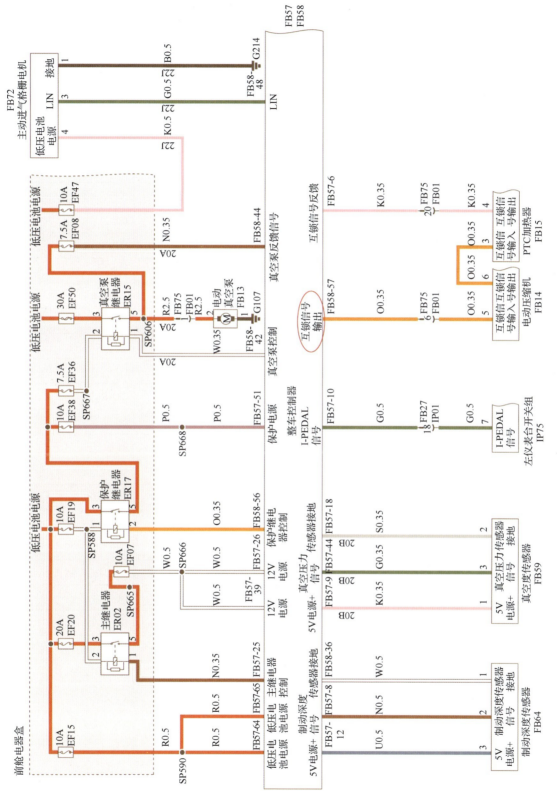

图9-3 整车控制器电路结构（2）

表9-2 整车控制器线束连接器端子定义

整车控制器	端子号	端子定义（线别作用）	端子号	端子定义（线别作用）
插头A	1	电子锁+	39	12 V电源
	2	接地	44	真空压力信号
	3	电子锁-	47	LIN2
	6	互锁信号反馈	48	PCAN-L
	8	制动深度信号	49	PCAN-H
	9	5 V电源+	50	电子锁状态2+
	10	I-PEDAL信号	51	保护继电器反馈
	12	5 V电源+	52	接地
	17	传感器接地	53	接地
	18	传感器接地	54	接地
	19	碰撞信号	56	ACAN-H
	20	水温信号	57	ACAN-L
	21	进水温度信号	59	ECAN-L
	22	L1温度+	60	ECAN-H
	24	IG1电源	61	CRANK信号
	25	主继电器控制	62	P挡信号
	26	12 V电源	63	R挡信号
	30	出水温度信号	64	低压电池电源
	31	传感器接地	65	低压电池电源
插头B	5	电子风扇调速	44	电动真空泵反馈
	8	热管理阀控制	45	加速踏板信号2
	12	电子锁状态1+	46	加速踏板信号1
	14	紧急下电信号	49	DC+温度信号
	16	电池电动水泵调速	50	DC-温度信号
	19	制动信号常开	56	保护继电器控制
	22	D挡信号	57	互锁信号输出
	23	N挡信号	59	5 V电源-
	30	电机电动水泵调速	60	5 V电源-
	32	5 V电源+	62	N温度+
	35	制动信号常闭	64	接地
	36	5 V电源-	65	5 V电源+
	42	电动真空泵控制		

9.2 整车控制系统控制

9.2.1 整车控制器硬件要求

整车控制器作为电动汽车电动化系统的大脑,其性能好坏直接影响各系统性能的发挥,是电动汽车整车性能好坏的决定因素之一。整车控制器防水防尘等级为 IP69K,工作温度为 $-40 \sim 85℃$,暗电流小于 2 mA。乘用车整车控制器工作电压为 $9 \sim 16$ V;商用车整车控制器工作电压为 $18 \sim 32$ V。整车控制器在湿度、热冲击、盐雾、溶液性、尤其防浸湿性、电磁干扰、机械冲击、振动等方面都有非常高的要求。

9.2.2 整车控制系统控制策略

1. 核心控制

整车控制系统是电动汽车车辆控制系统的核心,负责协调各控制系统的协同工作,为车辆的良好运行提供完善的控制逻辑。整车控制系统通过采集加速踏板信号、制动踏板信号及其他部件信号,监测车辆信息及驾驶员意图,并根据扭矩模型等算法做出相应判断,控制各部件控制器及执行器的动作,使汽车正常行驶。

整车控制器接收电动化系统各部件的信息,综合判断整车状态,实现对多系统的协调控制。

整车控制器关联控制如图 9-4 所示。

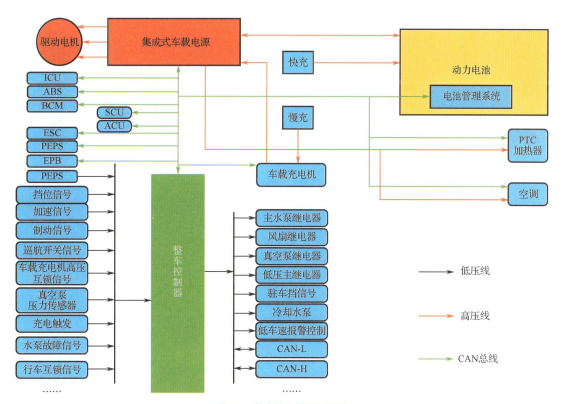

图9-4 整车控制器关联控制

整车控制器通过 CAN 总线将控制信号传输给仪表,当启动开关置于 ON 位时,唤醒整车控制器控制 M/C 继电器给电机控制器和电池管理系统供电,整车控制器通过 CAN 总线发送相关的控制命令,完成整车系统启动。

整车控制器接到上电开关、直流充电桩或车载充电机等的唤醒信号后，直接控制高压继电器吸合或者断开，从而完成高压系统的接通或断开。整车控制器基于加速踏板、制动踏板、挡位信号和车速信号等计算车辆的目标扭矩，并通过 CAN 总线发送扭矩需求指令给功率控制单元。

车辆在滑行或制动时，整车控制器根据 ABS 状态、动力电池状态和制动踏板的位置信号，计算出能量回收扭矩并发送指令给电机控制器，启动能量回收。

车辆在行驶状态下，整车控制器根据驱动电机温度、功率控制单元温度、电机控制器温度、冷却液温度及车速信号，发送 PWM 信号控制电子冷却水泵的转速。

在交流充电状态，整车控制器根据冷却液的温度和车载充电机的温度发送 PWM 控制信号，控制电子冷却水泵的转速。在直流充电状态下，整车控制器根据冷却液的温度发送 PWM 控制信号，控制电子冷却水泵的转速。

当车辆发生碰撞或者严重故障时，如绝缘故障、动力电池过温或过压、驱动电机过温等故障时，整车控制器切断高压回路。

2. 功能策略

整车控制系统主要功能包括汽车行驶控制、整车网络管理、制动能量回馈控制、整车能量管理和优化、车辆状态监测和显示、故障诊断与处理、外接充电管理等。

（1）汽车行驶控制。

新能源汽车的驱动电机必须按照驾驶员意图输出驱动扭矩或制动扭矩。当驾驶员踩下加速踏板或制动踏板时，驱动电机要输出一定的驱动功率或再生制动功率。踏板开度越大，驱动电机的输出功率越大。因此，整车控制器要合理解释驾驶员的操作；接收整车各子系统的反馈信息，为驾驶员提供决策反馈；对整车各子系统发送控制指令，以使车辆正常行驶。

维修贴

例如，当挂倒挡（R 挡）时，倒车信号被发送给整车控制器，再通过 CAN 总线传递给电机控制器，电机控制器通过控制内部 6 个 IGBT 的开关顺序，改变输出的三相交流电的相序，从而控制驱动电机反转，实现倒车。

（2）整车网络管理。

在整车网络管理中，整车控制器是信息控制中心，负责对信息的组织与传输、对网络状态的监控、对网络节点的管理，以及对网络故障的诊断与处理。

维修贴

电动汽车低速提示音系统（AVAS）通过 CAN 总线，从整车控制器获取相应的车速、挡位等信息，并传给电机控制器，电机控制器根据获取的相应信息，通过音频处理，将信号输入功放模块，输入信号经功放模块放大后输出，驱动扬声器，发出相应的模拟音。

（3）制动能量回馈控制。

新能源汽车以电机作为驱动扭矩的输出机构。电机具有回馈制动的功能，此时电机作为发电机，利用电动汽车的制动能量发电，同时将能量存储在储能装置中；当满足充电条件时，将能量反充给动力电池。在这一过程中，整车控制器根据加速踏板和制动踏板的深度及动力电池的 SOC 值来判断某一时刻能否进行制动能量回馈；如果可以进行,整车控制器就向电机控制器发出制动指令,回收部分能量。

(4)整车能量管理和优化。

在纯电动汽车中,动力电池除给驱动电机供电以外,还要给电动附件供电。因此,为了获得最大的续航里程,整车控制器负责整车的能量管理,以提高能量利用率。在电池的 SOC 值比较低的时候,整车控制器将对某些电动附件发出指令,限制电动附件的输出功率,以增加续航里程。

> **维修贴**
>
> **整车控制系统的热管理控制**
>
> (1)动力电池加热控制。
>
> 动力电池在极冷环境中的充电、放电性能显著降低,影响驾驶性能。整车控制器控制动力电池加热器,将动力电池加热到适当的温度,保证动力电池在极低温度下的充电、放电性能。
>
> (2)动力电池冷却控制。
>
> ① 动力电池在充电和放电时产生热量,若高温状况持续,动力电池将在很大程度上退化。
>
> ② 当动力电池温度很高时,整车控制器使用气候控制系统所用的制冷剂,请求热管理系统进行冷却,直到动力电池温度降至适当水平。
>
> (3)电动水泵控制。
>
> 在运行过程中,电动汽车系统的高压部分由于高压充电、放电产生热量,整车控制器驱动电动水泵,使冷却液循环到高压部件,从而保持高压部件的适当工作温度。
>
> (4)冷却风扇控制。
>
> 整车控制器依据车辆状况控制冷却风扇的运转速度,以提高电动汽车系统的可靠性和冷却、加热性能。

(5)车辆状态监测和显示。

整车控制器对车辆的状态实时进行监测,并且将各个子系统的信息发送给车载信息显示系统。整车控制器通过传感器和 CAN 总线检测车辆状态,驱动显示仪表,将车辆状态信息和故障诊断信息通过仪表显示出来,显示内容包括电机转速、车速、电池电量、故障信息等。电量表显示动力电池剩余电量,并估算剩余电量的续航里程。

电动汽车组合仪表如图 9-5 所示。仪表显示指示灯如表 9-3 所示。

图 9-5 电动汽车组合仪表

表9-3 仪表显示指示灯

名称	符号		说明
放电指示灯	(车辆充电图标)	绿色	正常放电
READY指示灯	READY	绿色	绿色点亮表示车辆启动成功
经济模式指示灯	ECO	蓝色	蓝色点亮表示经济模式启用成功
运动模式指示灯	SPORT	红色	红色点亮表示运动模式启用成功
12 V电池充电系统指示灯	(电池图标)	红色	红色点亮表示12 V电池系统存在故障： ① 当系统检测到12 V电池电压过低时，红色点亮，同时仪表板显示"低压电池电压过低"信息提示驾驶员 ② 当系统检测到12 V电池有故障时，红色点亮，同时仪表板显示"低压电池故障"信息提示驾驶员
充电枪连接指示灯	(插头图标)	红色	红色点亮表示充电枪已连接成功。当连接充电枪给车辆充电时，红色点亮，同时仪表板显示"充电枪已连接"信息提示
电动系统故障指示灯	(车辆故障图标)	红色	红色点亮表示车辆电动系统有故障。当车辆电动系统有故障时，红色点亮，同时仪表板显示"电池过温，远离车辆，请联系维修""车辆跛行，请联系维修""车辆失去动力，安全停车，请联系维修"等信息，以及蜂鸣器鸣叫，提示驾驶员。此时驾驶员应根据提示操作
电机及控制器过热指示灯	(电机过热图标)	红色	红色点亮表示电机及控制器温度过高
动力电池过热指示灯	(电池过热图标)	红色	红色点亮表示动力电池温度过高
动力电池故障警告灯	(电池故障图标)	红色	① 当整车电源挡位处于"OK"挡时，此灯点亮。如果动力电池系统工作正常，则此灯几秒钟后熄灭。如果系统发生故障，此灯将再次点亮。 ② 如果发生任何一种下列情况，则表示由警告灯系统监控的部件发生故障。 ● 当整车电源挡位处于"OK"挡时，此灯持续点亮； ● 车辆行驶中此灯持续或偶然点亮
电机冷却液温度过高指示灯	(冷却液图标)	红色	此警告灯长亮时表示电机冷却液温度过高，请停车冷却车辆
电池低电量提示灯	(低电量电池图标)	黄色	黄色点亮表示动力电池电量过低，同时仪表板显示"续航里程低，请及时充电"，提示驾驶员及时为动力电池充电
驱动功率限制警告灯	(乌龟图标)	黄色	当动力电池电量低，电机功率受到限制时，此警告灯点亮

（6）故障诊断与处理。

整车控制器连续监视整车电控系统，进行故障诊断。故障指示灯指示故障类别和部分故障码。根据显示的故障内容，驾驶员应及时进行相应的安全保护处理。对于不太严重的故障，驾驶员应低速驾驶车辆到附近的维修站进行检修。

> **维修贴**
>
> 图9-6所示为碰撞保护原理。当电动汽车发生碰撞事故后，安全气囊控制器通过硬线和CAN总线，将碰撞信号发送给整车控制器和电池管理系统，整车控制器接收到碰撞信号（碰撞CAN信号优先级高于碰撞硬线信号）后，发送紧急下电指令和高压下电指令。电池管理系统控制高压继电器动作，断开高压回路。整车控制器通知电机控制器，进行主动放电。

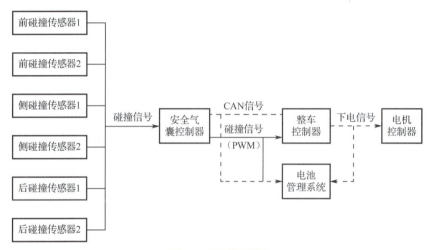

图9-6　碰撞保护原理

> **维修贴**
>
> （1）安全气囊控制器收到碰撞传感器的碰撞信号后，分别输出碰撞硬线信号（PWM形式，高低电平与正常状态相反）和CAN信号给整车控制器和电池管理系统。碰撞硬线信号为PWM信号，在正常工况下，高电平200 ms，低电平40 ms；在故障情况下，低电平200 ms，高电平40 ms，三个周期确认。
>
> 碰撞硬线和CAN总线诊断满足以下需求：
>
> ① CAN信号：整车控制器在收到IG ON报文后1.5 s开始诊断安全气囊控制器发来的碰撞CAN信号；电池管理系统在收到IG ON报文1.5 s后开始诊断安全气囊控制器发来的碰撞CAN信号。
>
> ② 硬线：整车控制器在收到IG ON报文后1.5 s开始诊断安全气囊控制器发来的碰撞信号，电池管理系统在收到IG ON报文后1.5 s后开始诊断安全气囊控制器发来的碰撞信号。
>
> （2）整车控制器接收碰撞CAN信号和硬线信号，两种信号有一个为真，则认为碰撞发生。整车控制器同时收不到安全气囊控制器发来的CAN信号和硬线信号，则执行正常高压下电流程。

（3）整车控制器接收到的碰撞信号为真，给 DC/DC 转换器、空调、电机控制器等高压控制器使能指令置零，电机扭矩指令置零，同时发送紧急高压下电指令和高压下电指令，并且将该故障保存，需要 UDS 清除，否则不允许再次上电。

（4）电池管理系统接收以下碰撞信号：安全气囊控制器碰撞硬线、CAN 信号，整车控制器的高压下电指令、紧急下电 CAN 指令。电池管理系统对碰撞信号的处理方式如下：

① 整车控制器高压下电指令和紧急下电指令，走紧急下电流程，在 100 ms 内断开高压回路。

② 如果电池管理系统收到碰撞 CAN 信号或者碰撞硬线信号有一个为真，则电池管理系统最长等待 100 ms，然后在 100 ms 内主动断开高压回路；电池管理系统记录故障，需要 UDS 清除，不清除不允许再次闭合继电器。

（5）碰撞发生后，需要在 1 min 内将电机控制器电容器电压降到 60 V 以下。

（7）外接充电管理。

实现充电连接，监控充电过程，报告充电状态，直至充电结束。

3. 整车控制器状态参数

除特殊注明外，表 9-4 所示参数的特定工况默认为车辆处于 READY 状态，挡位处于 P 挡。

表9-4 整车控制器参数

参数名称	定义/说明
动力系统就绪	动力系统是否就绪
动力系统状态	由于是纯电系统，动力系统在正常工作模式下一般为电机驱动
车辆严重故障状态	车辆是否发生严重故障，需要维修
动力系统最大可用扭矩	通过综合动力系统各项输入，计算得出的动力系统最大可用扭矩值
驾驶员扭矩需求	根据驾驶员的加速踏板等输入信息，计算驾驶员的扭矩需求
最大再生制动扭矩值	制动能量回收的扭矩值
动力系统功率	动力系统当前的功率值
系统复位原因	整车控制器复位的原因：①未复位；②初始化低压；③预备状态低压；④巡航模式低压；⑤跛行回家模式低压；⑥保持模式低压；⑦通信复位；⑧PFC复位；⑨内核监视器复位；⑩SFRAM监视器复位；⑪RTOS复位；⑫其他内部原因；⑬用户复位
加速踏板位置	加速踏板位置
加速踏板位置传感器1电压	加速踏板有2个位置传感器，2个值之间如果偏差过大，则用于双重确认驾驶员的实际需求，该参数表示加速踏板位置1传感器输入电压值
加速踏板位置传感器2电压	加速踏板有2个位置传感器，2个值之间如果偏差过大，则用于双重确认驾驶员的实际需求，该参数表示加速踏板位置2传感器输入电压值
加速踏板位置传感器1供电电压	加速踏板有2个位置传感器，2个值之间如果偏差过大，则用于双重确认驾驶员的实际需求，该参数表示加速踏板位置1传感器供电电压
加速踏板位置传感器2供电电压	加速踏板有2个位置传感器，2个值之间如果偏差过大，则用于双重确认驾驶员的实际需求，该参数表示加速踏板位置2传感器供电电压
制动踏板位置	制动踏板位置
制动开关状态	制动开关的状态信号：①错误；②正确

续表

参数名称	定义/说明
制动开关1状态	制动开关1状态：①错误；②正确
制动开关2状态	制动开关2状态：①错误；②正确
蓄电池电压	低压电池电压
巡航状态	表示巡航系统的状态信号：①关闭；②待命；③激活
巡航控制开关故障状态	表示巡航开关是否有故障，如有故障，表示故障的形式：①无故障；②无效；③检测到故障；④无效范围
点火开关状态	点火开关状态：①关闭；②点火状态——附件；③点火状态——运行；④点火状态——启动
能量回收模式（KERS）	表示能量回收模式：弱、中、强
车辆驾驶模式	车辆驾驶模式：①默认；②经济模式；③常规模式；④山地模式
冷却风扇请求占空比	表示对空调系统冷却风扇请求的占空比
输入轴转速	整车控制器根据车速计算输入轴转速
输出轴转速	采集到的输出轴转速
电机控制器冷却液温度	表示电机控制器冷却液温度信息
电机实际模式	表示电机的实际工作模式：①初始化；②预充电；③待命；④离线标定；⑤外部控制；⑥内部控制；⑦扭矩控制；⑧电流控制；⑨电压控制；⑩下电过程；⑪预失效；⑫故障；⑬放电
实际电机扭矩	表示电机反馈的实际扭矩
电机转速	表示电机转速
电机实际可达到的最小扭矩	表示电机实际可达到的最小扭矩
电机实际可达到的最大扭矩	表示电机实际可达到的最大扭矩
电机过温状态	表示电机是否过温
电机交流三相短路就绪状态	表示电机是否经过三相电短路测试
电机故障灯点亮状态	表示电机故障等状态
请求电机模式	表示整车控制器请求电机的工作模式：①待命；②离线标定；③转速外部控制；④转速内部控制；⑤扭矩控制；⑥电流控制；⑦电压控制；⑧放电
请求电机扭矩	表示整车控制器请求电机的扭矩
请求电机转速	表示整车控制器请求电机的转速
实际DC/DC工作模式	实际直流转换工作模式：①待命；②推进；③工作；④放电；⑤故障
实际DC/DC高压电流	实际直流转换高压电流
实际DC/DC高压电压	实际直流转换高压电压
实际DC/DC低压电流	实际直流转换低压电流
实际DC/DC低压电压	实际直流转换低压电压
DC/DC转换器温度	表示DC/DC转换器的内部温度
DC/DC模式请求	表示整车控制器请求的直流转换工作模式：①待命；②推进；③工作；④放电；⑤故障
高压绝缘电阻值	表示电池管理系统检测到的高压系统绝缘电阻值
高压电池剩余电量	表示高压电池的荷电状态
电池管理系统运行状态	表示高压电池当前的运行状态：①上电；②行驶准备就绪；③行驶预充电；④行驶；⑤充电准备就绪；⑥充电中；⑦充电完成；⑧预充电；⑨碰撞；⑩充电平衡；⑪故障

续表

参数名称	定义/说明
高压电池主继电器状态	表示高压电池主继电器是否吸合： ①全开；②全闭；③数据处理中；④故障
高压电池电压	高压电池的电压值
高压电池电流	表示高压电池当前的电流值大小
高压电池最大充电、放电电流	表示高压电池的充电、放电能力的参数
电池管理系统充电、放电缓冲能力	表示高压电池的充电、放电能力的参数
电池管理系统峰值充电、放电功率	表示高压电池的充电、放电能力的参数
高压电池可用的充电、放电功率	表示高压电池的充电、放电能力的参数
高压电池快充充电插头插入状态	表示检测到的快充口充电插头的状态
紧急下电请求	表示整车控制器判断动力系统出现故障，要求紧急下电
高压电池主继电器请求状态	表示整车控制器对高压电池主继电器请求状态：打开或关闭
挡位	表示挡位控制器（SCU）反馈的挡位信号
巡航控制目标车速	表示巡航控制目标车速
车速	表示速度控制系统（SCS）反馈的车速信号
EPB状态	表示电子驻车制动状态：①制动释放；②制动被应用；③故障
EPB开关状态	表示电子驻车制动开关状态：①无；②释放状态；③拉起状态；④错误
电动压缩机实际功率	表示电动压缩机当前的实际功率
空调打开	表示空调当前的开启状态：①无；②1级；③2级；④3级
环境温度	表示当前的环境温度
前舱打开状态	表示车身控制模块（BCM）反馈的前舱盖打开状态
空调压力	表示空调压力信号
电动压缩机功率限制	表示电动压缩机的功率限制
空调实际的制热功率	纯电动汽车采用发热电阻发热方式，该参数表示当前的空调制热功率
电机冷却泵继电器控制电路状态	电机冷却泵：①关闭；②打开；③故障
冷却风扇驱动电路状态	整车控制器直接驱动冷却风扇的打开或关闭：①关闭；②打开；③延时关闭
点火状态	表示点火开关是否打开
启动状态	表示是否正在启动中
动力系统故障灯请求状态	表示是否需要点亮动力系统故障灯
电池管理系统车载充电插头插上	表示是否车载充电机插头插上
动力系统最大拖拽扭矩	动力系统最大的拖拽扭矩值
快充口正极温度	快充口正极与负极各有一个温度传感器，用于监控快充时充电口的温度，当检测到温度过高时，系统在自动充电一段时间后关闭
快充口负极温度	快充口正极与负极各有一个温度传感器，用于监控快充时充电口的温度，当检测到温度过高时，系统在自动充电一段时间后关闭
电机定子温度	表示电机反馈的定子温度
电机逆变器温度	表示电机反馈的逆变器温度

参数名称	定义/说明
远程启动请求	表示远程启动请求的状态
制动压力	表示速度控制系统反馈的制动压力信号
车载充电机电子锁状态	表示车载充电机电子锁状态
详细重启原因	表示对整车控制器重启原因的详细解释,每个数字代表不同的原因
电机冷却泵控制PWM占空比	电机冷却泵受整车控制器控制,并通过控制端PWM波形变化反馈当前的冷却泵状态

9.3 整车控制系统故障诊断

9.3.1 整车控制器故障处理策略

整车控制器处理故障的主要目的是保证车辆行驶的安全性、可靠性和稳定性。整车控制器采用分级故障处理策略。

1. 一级故障

一级故障是需要切断高压电的故障。整车控制器接收到电机控制器或电池管理系统上传的一级故障,或者整车控制器接收不到CAN总线的全部信号,会报整车一级故障,快速降扭,同时发出切断高压电的指令。一级故障必须重新上电才可恢复正常。

2. 二级故障

二级故障是禁止车辆行驶的故障。当整车控制器接收到电机控制器或电池管理系统的二级故障,或者整车控制器与电池管理系统、电机控制器等出现通信故障时,报整车二级故障。此时电机无扭矩输出,车辆不能行驶。二级故障可以实时恢复正常。

3. 三级故障

三级故障主要是降功率的故障。当整车控制器接收到电机控制器、电池管理系统的三级故障,或者整车控制器与点火控制模块、安全气囊(SRS)、空调、MP5等控制器出现通信故障时,报整车三级故障,同时将电机控制器的输出扭矩限制到目标值的一半,从而达到限制系统功率输出的目的。三级故障可以实时恢复正常。

9.3.2 整车控制系统故障

整车控制系统故障如表9-5所示。

表9-5 整车控制系统故障

故障/诊断显示	故障生成/故障内容	可能故障原因	故障检查
系统过压或欠压	电压大于16 V或小于9 V,持续时间大于3 s	供电电压过高或过低	检查供电
ECAN关闭	3次连续Bus-off	CAN线路故障	检查CAN线路
CCAN关闭	3次连续Bus-off	CAN线路故障	检查CAN线路
ADCAN关闭	3次连续Bus-off	CAN线路故障	检查CAN线路

续表

故障/诊断显示	故障生成/故障内容	可能故障原因	故障检查
ADCAN跛行	进入跛行回家模式2000 ms	CAN线路故障	检查CAN线路
与电池管理系统丢失通信	任何一条被监测报文连续丢失10个周期	电池管理系统故障，CAN线路故障	检查电池管理系统及CAN线路
与后电机控制器丢失通信	任何一条被监测报文连续丢失10个周期	后电机控制器故障，CAN线路故障	检查后电机控制器及CAN线路
与DC/DC转换器丢失通信	任何一条被监测报文连续丢失10个周期	DC/DC转换器故障，CAN线路故障	检查DC/DC转换器及CAN线路
与车载充电机丢失通信	任何一条被监测报文连续丢失10个周期	车载充电机故障，CAN线路故障	检查车载充电机及CAN线路
与空调系统丢失通信	任何一条被监测报文连续丢失10个周期	空调系统故障，CAN线路故障	检查空调系统及CAN线路
与前电机控制器丢失通信	任何一条被监测报文连续丢失10个周期	前电机控制器故障，CAN线路故障	检查前电机控制器及CAN线路
与ESP丢失通信	任何一条被监测报文连续丢失10个周期	ESP故障，CAN线路故障	检查ESP及CAN线路
与EPS丢失通信	任何一条被监测报文连续丢失10个周期	EPS故障，CAN线路故障	检查EPS及CAN线路
与IBT丢失通信	任何一条被监测报文连续丢失10个周期	IBT故障，CAN线路故障	检查IBT及CAN线路
与XPU丢失通信	任何一条被监测报文连续丢失10个周期	XPU故障，CAN线路故障	检查XPU及CAN线路
与SCU丢失通信	任何一条被监测报文连续丢失10个周期	SCU故障，CAN线路故障	检查SCU及CAN线路
与IMU丢失通信	任何一条被监测报文连续丢失10个周期	IMU故障，CAN线路故障	检查IMU及CAN线路
与中央网关丢失通信	任何一条被监测报文连续丢失10个周期	中央网关故障，CAN线路故障	检查中央网关及CAN线路
通信过压	电压大于18.5 V，持续时间大于3 s	供电电压过高	检查供电电压
通信欠压	电压小于6.5 V，持续时间大于3 s	供电电压过低	检查供电电压
与EBS丢失通信	任何一条被监测报文连续丢失10个周期	EBS故障，LIN线路故障	检查EBS及LIN线路
与AGS丢失通信	任何一条被监测报文连续丢失10个周期	AGS故障，LIN线路故障	检查AGS及LIN线路
蓄电池低压电池过压	低压电池电压大于17 V，持续时间大于3 s	供电电压过高	检查供电电压
蓄电池低压电池欠压	低压电池电压小于6.5 V，持续时间大于3 s	供电电压过低	检查供电电压

续表

故障/诊断显示	故障生成/故障内容	可能故障原因	故障检查
整车控制器下电故障	1s超时未下电	发出下电指令后，仍然有唤醒源未关断，如CAN、LIN	检查整车控制器的唤醒源
整车控制器供电电源管理芯片L9788过温故障	L9788温度大于130℃，持续时间大于120 ms	整车控制器芯片故障	更换整车控制器
整车控制器供电电源管理芯片L9788预供电过压	整车控制器芯片故障	整车控制器芯片故障	更换整车控制器
整车控制器供电电源管理芯片L9788预供电欠压	整车控制器芯片故障	整车控制器芯片故障	更换整车控制器
加速踏板1传感器供电对电源短路	Track1对电源短路持续120 ms	加速踏板1传感器供电对电源短路故障	检查加速踏板1传感器供电回路
加速踏板1传感器供电过流或对地短路	Track1过流或对地短路持续120 ms	加速踏板1传感器供电对地短路故障或者过流故障	检查加速踏板1传感器供电回路
加速踏板1传感器供电过压	Track1供电电压过高持续120 ms	加速踏板1传感器供电回路故障	检查加速踏板1传感器供电回路
加速踏板1传感器供电欠压	Track1供电电压过低持续120 ms	加速踏板1传感器供电回路故障	检查加速踏板1传感器供电回路
加速踏板2传感器供电对电源短路	Track2对电源短路持续120 ms	加速踏板2传感器供电对电源短路故障	检查加速踏板2传感器供电回路
加速踏板2传感器供电过流或对地短路	Track2过流或对地短路持续120 ms	加速踏板2传感器供电对地短路故障或者过流故障	检查加速踏板2传感器供电回路
加速踏板2传感器供电过压	Track2供电电压过高持续120 ms	加速踏板2传感器供电回路故障	检查加速踏板2传感器供电回路
加速踏板2传感器供电欠压	Track2供电电压过低持续120 ms	加速踏板2传感器供电回路故障	检查加速踏板2传感器供电回路
挡位传感器供电对电源短路	Track3对电源短路持续120 ms	挡位传感器供电对电源短路故障	检查挡位传感器供电回路
挡位传感器供电过流或对地短路	Track3过流或对地短路持续120 ms	挡位传感器供电对地短路故障或者过流故障	检查挡位传感器供电回路
挡位传感器供电过压	Track3供电电压过高持续120 ms	挡位传感器供电回路故障	检查挡位传感器供电回路
挡位传感器供电欠压	Track3供电电压过低持续120 ms	挡位传感器供电回路故障	检查挡位传感器供电回路
主继电器驱动对地短路或开路	主继电器驱动对地短路或开路持续120 ms	整车控制器主继电器对地短路或开路	检查整车控制器主继电器电路
主继电器驱动对地短路	主继电器驱动对地短路持续120 ms	整车控制器主继电器对地短路	检查整车控制器主继电器电路
主继电器驱动对电源短路或过流	主继电器驱动对电源短路或过流持续120 ms	整车控制器主继电器对电源短路	检查整车控制器主继电器电路
主继电器驱动故障（驱动与控制命令不一致）	驱动与控制命令不一致持续120 ms	整车控制器主继电器对电源短路	检查整车控制器主继电器电路
水泵电源驱动对地短路	水泵电源驱动对地短路持续120 ms	整车控制器水泵电源驱动对地短路	检查整车控制器水泵电源控制回路

续表

故障/诊断显示	故障生成/故障内容	可能故障原因	故障检查
水泵电源对电源短路或过流	水泵电源对电源短路或过流持续120 ms	整车控制器水泵电源对电源短路或过流	检查整车控制器水泵电源控制回路
水泵电源驱动开路	水泵电源驱动开路持续120 ms	整车控制器水泵电源驱动开路	检查整车控制器水泵电源控制回路
水泵电源驱动故障（驱动与控制命令不一致）	水泵驱动与控制命令不一致持续120 ms	整车控制器水泵控制器驱动电路故障	检查整车控制器水泵电源控制回路
风扇转速控制对电源短路或过流	风扇转速控制对电源短路或过流持续11 s	风扇转速请求电路对电源短路	检查风扇转速请求电路
风扇转速控制对地短路	风扇转速控制对地短路持续11 s	风扇转速请求电路对地短路	检查风扇转速请求电路
风扇转速控制开路	风扇转速控制开路持续11 s	风扇转速请求电路开路	检查风扇转速请求电路
风扇转速控制故障（驱动与控制命令不一致）	风扇驱动与控制命令不一致持续11 s	风扇转速请求电路驱动故障	检查风扇转速请求电路
风扇供电控制继电器对地短路	风扇供电控制继电器对地短路持续120 ms	风扇供电电路对地短路	检查风扇继电器控制电路
风扇供电控制继电器对电源短路或过流	风扇供电控制继电器对电源短路或过流持续120 ms	风扇供电电路对电源短路或过流	检查风扇继电器控制电路
风扇供电控制继电器开路	风扇供电控制继电器开路持续120 ms	风扇供电电路开路	检查风扇继电器控制电路
风扇供电控制继电器故障（驱动与控制命令不一致）	风扇供电机驱动与控制命令不一致持续120 ms	风扇供电机驱动故障	检查风扇继电器控制电路
电机驱动回路水泵转速请求控制电路对电源短路或过流	电机驱动回路水泵转速请求控制电路对电源短路或过流持续5 s	电机驱动回路水泵转速请求控制电路对电源短路或过流	检查电机驱动回路水泵转速请求控制回路
电机驱动回路水泵转速请求控制电路对地短路	电机驱动回路水泵转速请求控制电路对地短路持续5 s	电机驱动回路水泵转速请求控制电路对地短路	检查电机驱动回路水泵转速请求控制回路
电机驱动回路水泵转速请求控制电路开路	电机驱动回路水泵转速请求控制电路开路持续5 s	电机驱动回路水泵转速请求控制电路开路	检查电机驱动回路水泵转速请求控制回路
电机驱动回路水泵转速控制故障（驱动与控制命令不一致）	电机驱动回路水泵与控制命令不一致持续5 s	电机驱动回路水泵转速请求电路驱动故障	检查电机驱动回路水泵转速请求控制回路
电池回路水泵转速请求控制电路对电源短路或过流	电池回路水泵转速请求控制电路对电源短路或过流持续5 s	电池回路水泵转速请求控制电路对电源短路或过流	检查电池回路水泵转速请求控制回路
电池回路水泵转速请求控制电路对地短路	电机驱动回路水泵转速请求控制电路对地短路或者开路持续5 s	电池回路水泵转速请求控制电路对地短路	检查电机驱动回路水泵转速请求控制回路
电池回路水泵转速请求控制电路开路	电池回路水泵转速请求控制电路开路持续5 s	电池回路水泵转速请求控制电路开路	检查电池回路水泵转速请求控制回路
电池回路水泵转速控制故障（驱动与控制命令不一致）	电机驱动回路水泵与控制命令不一致持续5 s	电池回路水泵转速请求电路对地短路	检查电池回路水泵转速请求控制回路
充电信号线2对地短路	充电灯2对地短路持续120 ms	充电灯2对地短路	检查充电灯信号电路
充电灯信号线2开路	充电灯2开路持续120 ms	充电灯2开路	检查充电灯信号电路

续表

故障/诊断显示	故障生成/故障内容	可能故障原因	故障检查
充电灯信号线2对电源短路或过流	充电灯2对电源短路或过流持续120 ms	充电灯2对电源短路或过流	检查充电灯信号电路
充电灯信号线2驱动故障（驱动与控制命令不一致）	充电灯2驱动与控制命令不一致持续120 ms	充电灯2驱动故障	检查充电灯信号电路
充电灯信号线3对地短路	充电灯3对地短路持续120 ms	充电灯3对地短路	检查充电灯信号电路
充电灯信号线3开路	充电灯3开路持续120 ms	充电灯3开路	检查充电灯信号电路
充电灯3对电源短路或过流	充电灯3对电源短路或过流持续120 ms	充电灯3对电源短路或过流	检查充电灯信号电路
充电灯信号线3故障（驱动与控制命令不一致）	充电灯3驱动与控制命令不一致持续120 ms	充电灯3驱动故障	检查充电灯信号电路
充电灯信号线4对地短路	充电灯4对地短路持续120 ms	充电灯4对地短路	检查充电灯信号电路
充电灯信号线4开路	充电灯4开路持续120 ms	充电灯4开路	检查充电灯信号电路
充电灯信号线4对电源短路或过流	充电灯4对电源短路或过流持续120 ms	充电灯4对电源短路或过流	检查充电灯信号电路
充电灯信号线4故障（驱动与控制命令不一致）	充电灯4驱动与控制命令不一致持续120 ms	充电灯4驱动故障	检查充电灯信号电路
倒车灯驱动开路	倒车灯驱动开路持续120 ms	倒车灯驱动开路	检查倒车灯驱动电路
倒车灯驱动对地短路或过流	倒车灯驱动过流或对地短路持续120 ms	倒车灯驱动过流或对地短路	检查倒车灯驱动电路
倒车灯驱动对电源短路	倒车灯驱动对电源短路持续120 ms	倒车灯驱动对电源短路	检查倒车灯驱动电路
倒车灯驱动故障（驱动与控制命令不一致）	倒车灯驱动与控制命令不一致持续120 ms	倒车灯驱动故障	检查倒车灯驱动电路
制动灯继电器驱动对地短路	制动灯继电器驱动对地短路持续120 ms	制动灯继电器驱动对地短路	检查制动灯驱动回路
制动灯继电器驱动开路	制动灯继电器驱动开路持续120 ms	制动灯继电器驱动开路	检查制动灯驱动回路
制动灯继电器驱动对电源短路或过流	制动灯继电器驱动对电源短路或过流持续120 ms	制动灯继电器驱动对电源短路或过流	检查制动灯驱动回路
制动灯继电器驱动故障（驱动与控制命令不一致）	制动灯继电器驱动与控制命令不一致持续120 ms	制动灯继电器驱动故障	检查制动灯驱动回路
驱动互锁输出对电源短路	驱动互锁输出对电源短路持续120 ms	驱动互锁输出对电源短路	检查驱动高压互锁输出回路
驱动互锁输出对地短路	驱动互锁输出对地短路持续120 ms	驱动互锁输出对地短路	检查驱动高压互锁输出回路
驱动互锁输出频率超范围	控制频率＜90 Hz，或者＞110 Hz	高压互锁输出回路对其他信号线短路	检查线束
驱动互锁输出占空比超范围	采集占空比＜40%，或者＞60%	高压互锁输出回路对其他信号线短路	检查线束

续表

故障/诊断显示	故障生成/故障内容	可能故障原因	故障检查
L9788_MSC通信故障	连续3次通信失败	整车控制器内部故障	更换整车控制器
L9788配置数据错误	检测到L9788配置数据错误	整车控制器内部故障	更换整车控制器
EEPROM读写数据故障	EEPROM读写数据超时	整车控制器内部故障	更换整车控制器
L9788定时唤醒功能，提前唤醒	未达到计时时间，整车控制器被唤醒	整车控制器内部故障	更换整车控制器
加速踏板位置传感器1电压过高	加速踏板位置传感器1电压高于4.7 V持续100 ms	加速踏板位置传感器对电源短路	检查加速踏板位置传感器电路或更换踏板
加速踏板位置传感器1电压过低	加速踏板位置传感器1电压低于0.3 V持续100 ms	加速踏板位置传感器对地短路或开路	检查加速踏板位置传感器电路或更换踏板
加速踏板位置传感器2电压过高	加速踏板位置传感器2电压高于4.7 V持续100 ms	加速踏板位置传感器对电源短路	检查加速踏板位置传感器电路或更换踏板
加速踏板位置传感器2电压过低	加速踏板位置传感器2电压低于0.3 V持续100 ms	加速踏板位置传感器对地短路或开路	检查加速踏板位置传感器电路或更换踏板
两路加速踏板同步故障	两路加速踏板同步故障，偏差大于4%	线路故障或传感器损坏	检查加速踏板位置传感器电路或更换踏板
选挡信号线D电压过高	选挡信号线电压高于4.5 V持续100 ms	挡位信号对电源短路	检查换挡杆传感器电路，更换换挡拨杆
选挡信号线D电压过低	选挡信号线电压低于0.5 V持续100 ms	挡位信号对地短路或开路	检查换挡杆传感器电路，更换换挡拨杆
选挡信号线N电压过高	选挡信号线电压高于4.5 V持续100 ms	挡位信号对电源短路	检查换挡杆传感器电路，更换换挡拨杆
选挡信号线N电压过低	选挡信号线电压低于0.5 V持续100 ms	挡位信号对地短路或开路	检查换挡杆传感器电路，更换换挡拨杆
选挡信号线R电压过高	选挡信号线电压高于4.5 V持续100 ms	挡位信号对电源短路	检查换挡杆传感器电路，更换换挡拨杆
选挡信号线R电压过低	选挡信号线电压低于0.5 V持续100 ms	挡位信号对地短路或开路	检查换挡杆传感器电路，更换换挡拨杆
选挡信号线P电压过高	选挡信号线电压高于4.9 V持续100 ms	挡位信号对电源短路	检查换挡拨杆信号，或更换新件
选挡信号线P电压过低	选挡信号线电压低于0.1 V持续100 ms	挡位信号对地短路或开路	检查换挡拨杆信号，或更换新件
电池管理系统故障级别	电池管理系统发送故障级别	电池管理系统故障级别（1～5）	读取电池管理系统的故障码
制动系统失效	ESP发送液压制动器助力系统和机电伺服助力系统都失效故障	液压制动器助力系统和机电伺服助力系统都失效	读取ESP的故障码
接收到来自ESP的无效报文ESP_Accel	接收无效报文连续10个周期	ESP故障，CAN线路故障	检查ESP及CAN线路
直流充电口温度传感器1电压过低	直流充电口温度传感器1电压低于0.1 V持续100 ms	直流充电口温度传感器1对地短路或开路	检修直流充电口温度传感器电路

续表

故障/诊断显示	故障生成/故障内容	可能故障原因	故障检查
直流充电口温度传感器1电压过高	直流充电口温度传感器1电路电压超过4.95 V持续100 ms	直流充电口温度传感器1对电源短路	检修直流充电口温度传感器电路
直流充电口温度传感器2电压过低	直流充电口温度传感器2电路电压低于0.1 V持续100 ms	直流充电口温度传感器2对地短路或开路	检修直流充电口温度传感器电路
直流充电口温度传感器2电压过高	直流充电口温度传感器2电路电压超过4.95 V持续100 ms	直流充电口温度传感器2对电源短路	检修直流充电口温度传感器电路
交流充电口温度传感器1电压过低	交流充电口温度传感器1电路电压低于0.1 V持续100 ms	交流充电口温度传感器1对地短路或开路	检修交流充电口温度传感器电路
交流充电口温度传感器1电压过高	交流充电口温度传感器1电路电压超过4.95 V持续100 ms	交流充电口温度传感器1对电源短路	检修交流充电口温度传感器电路
交流充电口温度传感器2电压过低	交流充电口温度传感器2电路电压低于0.1 V持续100 ms	交流充电口温度传感器2对地短路或开路	检修交流充电口温度传感器电路
交流充电口温度传感器2电压过高	交流充电口温度传感器2电路电压超过4.95 V持续100 ms	交流充电口温度传感器2对电源短路	检修交流充电口温度传感器电路
交流充电口温度传感器3电压过低	交流充电口温度传感器3电路电压低于0.1 V持续100 ms	交流充电口温度传感器3对地短路或开路	检修交流充电口温度传感器电路
交流充电口温度传感器3电压过高	交流充电口温度传感器3电路电压超过4.95 V持续100 ms	交流充电口温度传感器3对电源短路	检修交流充电口温度传感器电路
直流充电口1温度过高	直流充电口1温度高于110℃持续100 ms	充电枪接触不良或充电电流过大	检查充电连接器是否被氧化
直流充电口2温度过高	直流充电口2温度高于110℃持续100 ms	充电枪接触不良或充电电流过大	检查充电连接器是否被氧化
交流充电口1温度过高	交流充电口1温度高于110℃持续100 m	充电枪接触不良或充电电流过大	检查充电连接器是否被氧化
交流充电口2温度过高	交流充电口2温度高于110℃持续100 ms	充电枪接触不良或充电电流过大	检查充电连接器是否被氧化
交流充电口3温度过高	交流充电口3温度高于110℃持续100 ms	充电枪接触不良或充电电流过大	检查充电连接器是否被氧化
DC/DC转换器故障	DC/DC转换器发送故障级别	DC/DC转换器发送故障级别	读取DC/DC转换器故障码
EBS电流状态故障	EBS电流状态故障持续100 ms	低压电池传感器线路接触不良	更换传感器
EBS电压状态故障	EBS电压状态故障持续100 ms	低压电池传感器线路接触不良	更换传感器
EBS温度状态故障	EBS温度状态故障持续100 ms	低压电池传感器线路接触不良	更换传感器
EBS标定数据故障	EBS标定数据故障持续100 ms	低压电池传感器故障	更换传感器
EBS电子控制单元故障	EBS电子控制单元故障持续100 ms	低压电池传感器故障	更换传感器
EBS LIN故障	LIN故障100 ms	低压电池传感器故障或LIN线路故障	更换传感器
驱动回路高压互锁故障	检测到驱动回路PWM硬线信号异常持续100 ms	驱动高压互锁回路上的高压互锁回路接插件或硬线断开	测量此高压互锁回路各个高压部件的互锁线是否导通、接插件是否松动

续表

故障/诊断显示	故障生成/故障内容	可能故障原因	故障检查
电池回路高压互锁故障	接收到电池管理系统的高压互锁故障信号持续100 ms	电池高压互锁回路上的高压互锁回路接插件或硬线断开	测量此高压互锁回路各个高压部件的互锁线是否导通、接插件是否松动
充电回路高压互锁故障	接收到车载充电机的高压互锁故障信号持续100 ms	充电高压互锁回路上的高压互锁回路接插件或硬线断开	测量此高压互锁回路各个高压部件的互锁线是否导通、接插件是否松动
碰撞硬线无效	碰撞故障	线路短路、开路或安全气囊控制器故障	检查线路,检查安全气囊控制器
电池系统水泵干转	电池系统水泵反馈干转持续10 s	冷却回路冷却液低	检修冷却回路
电池系统水泵堵转	电池系统水泵反馈堵转持续10 s	冷却回路堵塞	检修冷却回路
电池系统水泵过温关机	电池系统水泵反馈过温关机持续10 s	水泵系统过温	冷却回路堵塞
电池系统水泵转速过低	电池系统水泵转速过低持续10 s	水泵系统转速过低	冷却回路堵塞
驱动系统水泵干转	驱动系统水泵反馈干转持续10 s	冷却回路冷却液低	检修冷却回路
驱动系统水泵堵转	驱动系统水泵反馈堵转持续10 s	冷却回路堵塞	检修冷却回路
驱动系统水泵过温关机	驱动系统水泵系统反馈过温关机持续10 s	水泵系统过温	检修冷却回路
驱动系统水泵转速过低	驱动系统水泵反馈过温、转速过低持续10 s	水泵系统转速过低	检修冷却回路
风扇过温	风扇反馈过温持续10 s	风扇过温	检查风扇系统
风扇堵转	风扇反馈堵转持续10 s	风扇堵转	检查风扇系统
风扇内部线束短路、开路	风扇反馈短路、开路持续10 s	风扇内部线束短路、开路	检查风扇系统
风扇内部错误故障	风扇反馈内部错误故障持续10 s	风扇电子故障、处理器故障	检查风扇系统
驱动电机冷却液温度传感器电压过低	驱动电机冷却液温度传感器电压低于0.1 V持续100 ms	驱动电机冷却液温度传感器对地短路或开路	检查驱动电机冷却液温度传感器电路
驱动电机冷却液温度传感器电压过高	驱动电机冷却液温度传感器电压高于4.95 V持续100 ms	驱动电机冷却液温度传感器对电源短路	检查驱动电机冷却液温度传感器电路
动力电池冷却液温度传感器电压过低	动力电池冷却液温度传感器电压低于0.1 V持续100 ms	动力电池冷却液温度传感器对地短路或开路	检查动力电池冷却液温度传感器电路
动力电池冷却液温度传感器电压过高	动力电池冷却液温度传感器电压高于4.95 V持续100 ms	动力电池冷却液温度传感器对电源短路	检查动力电池冷却液温度传感器电路
集成式车载电源管理模块快充接插件温度过高	集成式车载电源管理模块快充接插件正极或负极温度≥110℃,持续100 ms	集成式车载电源管理模块快充接插件接触电阻高或温度传感器故障	检查集成式车载电源管理模块快充接插件或温度传感器
直流充电口温度校验合理性故障	拔出充电枪60 s后,直流充电口温度传感器1和直流充电口温度传感器2的温差≥10℃,持续10 s	直流充电口温度传感器故障	检查直流充电口温度传感器及传感器线路

续表

故障/诊断显示	故障生成/故障内容	可能故障原因	故障检查
钥匙信号不匹配合理性故障	钥匙的CAN信号与硬线信号不一致，持续100 ms	钥匙CAN信号或硬线信号故障	检查钥匙信号CAN网络、网关或硬线电路
钥匙防盗请求超时或防盗校验失败合理性故障	条件1：插入钥匙后收到防盗状态超时 条件2：插入钥匙后收到防盗状态或防盗校验失败 条件1或条件2成立	钥匙认证超时或失败	检查PEPS、整车控制器及CAN网络
主继电器回采信号开路合理性故障	条件1：主继电器闭合指令与主继电器回采状态不一致，超过50 ms 条件2：接收到电池管理系统和电机控制器报文两个条件均成立	主继电器指令芯片故障、指令控制线故障或主继电器回采信号线开路	检查主继电器指令芯片、指令控制线或主继电器回采信号线
整车控制器休眠超时合理性故障	应用层发送休眠指令后，整车控制器超过60 s不休眠	整车控制器底层代码故障或硬件故障	检查整车控制器底层代码或硬件
电机控制器休眠超时合理性故障	断开主电源继电器后，电机控制器超过2 s不停发报文	电机控制器故障或CAN网络故障	检查电机控制器或CAN网络
车载充电机休眠超时合理性故障	断开主电源继电器后，车载充电机超过2 s不停发报文	车载充电机故障或CAN网络故障	检查车载充电机或CAN网络
电池管理系统休眠超时合理性故障	断开主功率继电器后，电池管理系统超过2 s不停发报文	电池管理系统故障或CAN网络故障	检查电池管理系统或CAN网络
快速放电超时合理性故障	电机控制器快速放电超时（≥5 s）	电机控制器故障或CAN网络故障	检查电机控制器或CAN网络
上低压电后，电机控制器状态处于初始化状态超时	电机控制器状态停留在默认值或初始化状态持续2S	电机控制器软件故障或CAN网络故障	检查电机控制器软件或CAN总线
电池管理系统充电电流合理性故障		电池管理系统软件故障或充电机、充电桩故障	检查电池管理系统软件或充电机、充电桩
DC/DC转换器未按整车控制器指令使能合理性故障		DC/DC转换器软件故障或CAN网络故障	检查DC/DC转换器软件或CAN总线
DC/DC转换器输出电流异常合理性故障		DC/DC转换器低压输出端线路故障	检查DC/DC转换器低压输出端连接线束
PEPS请求退出READY合理性故障	车速＞3 km/h，或挡位处于D挡或R挡，且PEPS发送退出REDAY激活报文	PEPS软件故障	检查PEPS软件
在恒压或恒流模式下，PTC加热器不响应整车控制器加热请求		空调软件故障或空调系统故障	检查空调软件或空调系统
在恒压模式下，电动压缩机不响应整车控制器冷却请求		空调软件故障或空调系统故障	检查空调软件或空调系统
四通阀故障		四通阀故障	检查四通阀

故障/诊断显示	故障生成/故障内容	可能故障原因	故障检查
P挡开关S2接触不良（S1闭合时，S2断开）	P挡信号电压为2.27~2.56 V，持续10 s	P挡开关线路故障	检查P挡开关部件及线束
P挡开关S1接触不良（S2闭合时，S1断开）	P挡信号电压为3.04~3.33 V，持续10 s	P挡开关线路故障	检查P挡开关部件及线束
整车控制器接收到iBCM_SysSt1（CCAN）无效报文	接收无效报文连续10个周期	iBCM或中央网关故障，CAN线路故障	检查iBCM或中央网关及CAN线路
整车控制器接收到DM_SRS_SysSt（ECAN）无效报文	接收无效报文连续10个周期	安全气囊或中央网关故障，CAN线路故障	检查安全气囊或中央网关及CAN线路
整车控制器接收到SRS_SysSt（CCAN）无效报文	接收无效报文连续10个周期	安全气囊或中央网关故障，CAN线路故障	检查安全气囊或中央网关及CAN线路
整车控制器接收到IBT_SysSt2无效报文	接收无效报文连续10个周期	IBT故障，CAN线路故障	检查IBT及CAN线路
与CDC丢失通信	任何一条被监测报文连续丢失10个周期	CDC故障，CAN线路故障	检查CDC及CAN线路
需求的机械功率与实际的电功率差异大		IGBT烧坏、电机控制器失控或其他附件出现短路	检查IGBT、电机控制器或其他附件
Task异常	Task运行周期不稳定	整车控制器芯片故障	更换整车控制器
看门狗复位次数≥4次	Reset_CNT≥4	整车控制器芯片故障	更换整车控制器
BMS_BattSysCode报文丢失	BMS_BattSysCode（0×1DB）报文丢失	电池管理系统故障，CAN线路故障	检查电池管理系统及CAN线路
整车控制器未绑定电池编码	整车控制器未绑定电池编码	整车控制器未绑定电池编码	绑定电池编码
电池编码内容无效	接收无效电池编码内容	电池管理系统故障，CAN线路故障	检查电池管理系统及CAN线路
电池编码匹配失败	电池编码匹配失败	电池编码匹配失败	① 确认电池更换流程 ② 检查电池管理系统是否正确发出编码

9.3.3 检查加速踏板电气故障

按以下步骤检查加速踏板电气故障。

（1）检查加速踏板位置传感器1与整车控制器之间的电路是否开路。

检测要点：执行车辆下电程序。断开加速踏板位置传感器线束连接器和整车控制器线束连接器。

图9-7为加速踏板位置传感器检修电路图，按照表9-6所示，检测加速踏板位置传感器1与整车控制器之间的电路是否开路。如果不符合应测得结果，就应该维修或更换线束。如果线束正常，就需要按表9-7所示，检测加速踏板位置传感器2与整车控制器之间的电路是否开路。如果不符合应测得结果，就应该维修或更换线束。如果线束正常，就需要按照表9-8所示，检测加速踏板位置传感器电路是否对地短路。

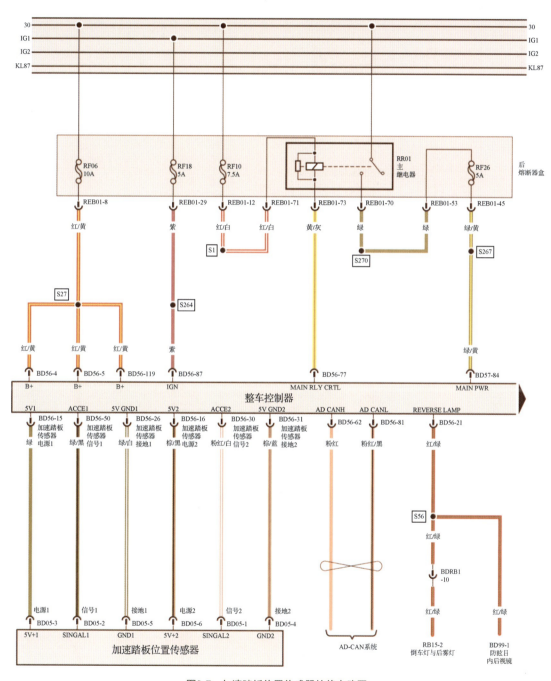

图9-7 加速踏板位置传感器检修电路图

表9-6 检测加速踏板位置传感器1与整车控制器之间的电路是否开路

检查的零部件			万用表/表笔探测的两端子		检测条件	状态	应测得结果
连接器	代号	图示	红/黑表笔连接	黑/红表笔连接			
加速踏板位置传感器线束连接器	BD05	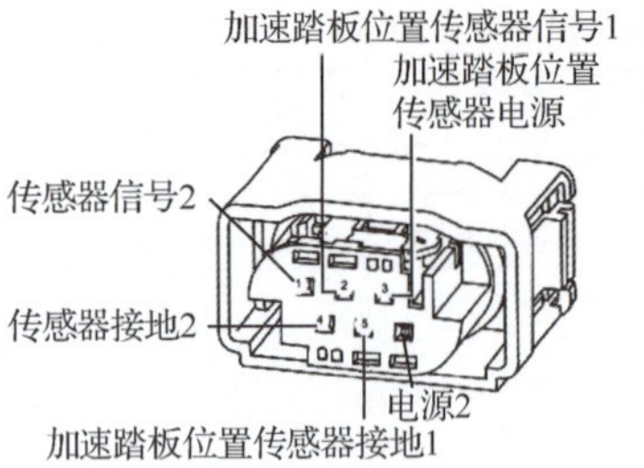 加速踏板位置传感器信号1、加速踏板位置传感器电源、传感器信号2、传感器接地2、电源2、加速踏板位置传感器接地1	BD05-2	BD56-50	下电	电阻	<1Ω
			BD05-3	BD56-15	下电	电阻	<1Ω
整车控制器线束连接器	BD56	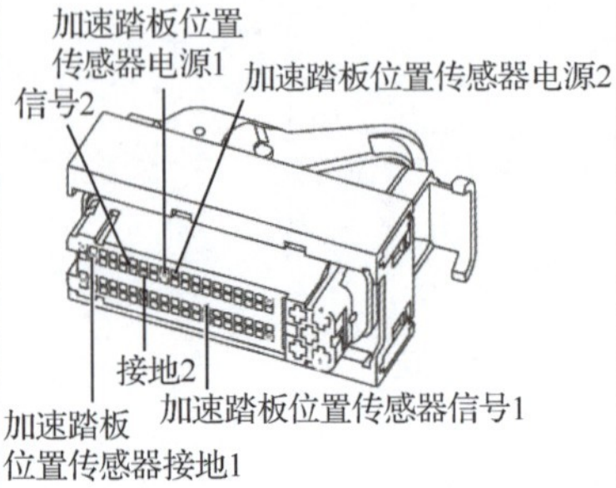 加速踏板位置传感器电源1、信号2、加速踏板位置传感器电源2、接地2、加速踏板位置传感器信号1、加速踏板位置传感器接地1	BD05-5	BD56-26	下电	电阻	<1Ω

表9-7 检测加速踏板位置传感器2与整车控制器之间的电路是否开路

检查的零部件			万用表/表笔探测的两端子		检测条件	状态	应测得结果
连接器	代号	图示	红/黑表笔连接	黑/红表笔连接			
加速踏板位置传感器线束连接器	BD05	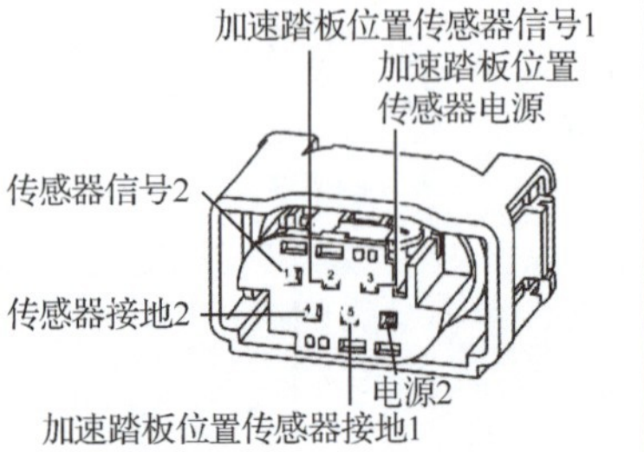 加速踏板位置传感器信号1、加速踏板位置传感器电源、传感器信号2、传感器接地2、电源、加速踏板位置传感器接地1	BD05-1	BD56-30	下电	电阻	<1Ω
			BD05-4	BD56-31	下电	电阻	<1Ω
整车控制器线束连接器	BD56	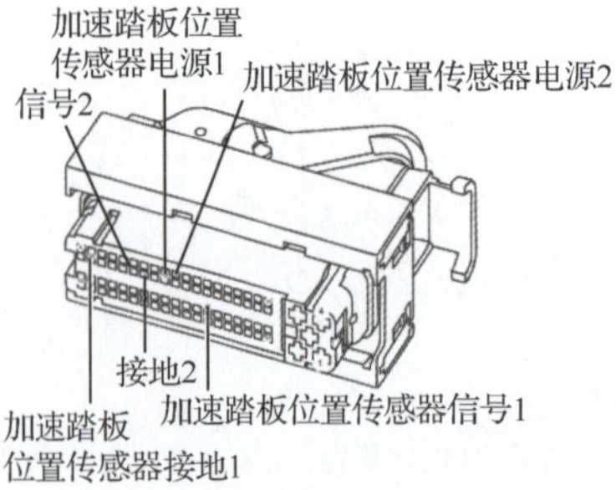 加速踏板位置传感器电源1、信号2、加速踏板位置传感器电源2、接地2、加速踏板位置传感器信号1、加速踏板位置传感器接地1	BD05-6	BD56-16	下电	电阻	<1Ω

（2）检查加速踏板位置传感器电路是否对地短路。

如果线束正常，就需要检查加速踏板位置传感器电路是否对电源短路。

表9-8　检测加速踏板位置传感器电路是否对地短路

检查的零部件				万用表/表笔探测的两端子		检测条件	状态	应测得结果
连接器	代号	图示		红表笔连接	黑表笔连接			
加速踏板位置传感器线束连接器	BD05	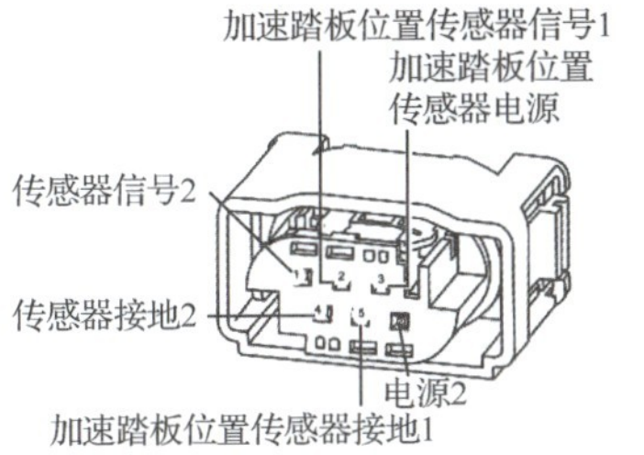 加速踏板位置传感器信号1 加速踏板位置传感器电源 传感器信号2 传感器接地2 电源2 加速踏板位置传感器接地1		BD05-2	车身	下电	电阻	≥10 kΩ
				BD05-3	车身			
				BD05-4	车身			
整车控制器线束连接器	BD56	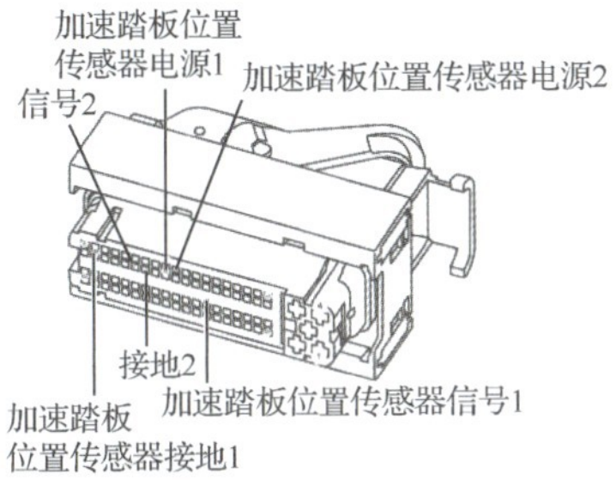 加速踏板位置传感器电源1 信号2 加速踏板位置传感器电源2 接地2 加速踏板位置传感器信号1 加速踏板位置传感器接地1		BD05-1	车身	下电	电阻	≥10 kΩ
				BD05-2	车身			
				BD05-3	车身			

（3）检查加速踏板位置传感器电路是否对电源短路。

检查要点：执行车辆下电程序，断开加速踏板位置传感器线束连接器和整车控制器线束连接器，然后再执行车辆上电程序。按照表9-9及图9-7，检测加速踏板位置传感器电路是否对电源短路。如果线路正常，就更换加速踏板位置传感器；如果更换了加速踏板位置传感器还存在加速踏板位置传感器供电对电源短路、加速踏板位置传感器供电过流或对地短路、加速踏板位置传感器电压过高或过低，以及两路加速踏板同步故障的故障信息，那么问题应该出在整车控制器上。

表9-9　检测加速踏板位置传感器电路是否对电源短路

检查的零部件				万用表/表笔探测的两端子		检测条件	状态	应测得结果
连接器	代号	图示		红表笔连接	黑表笔连接			
加速踏板位置传感器线束连接器	BD05	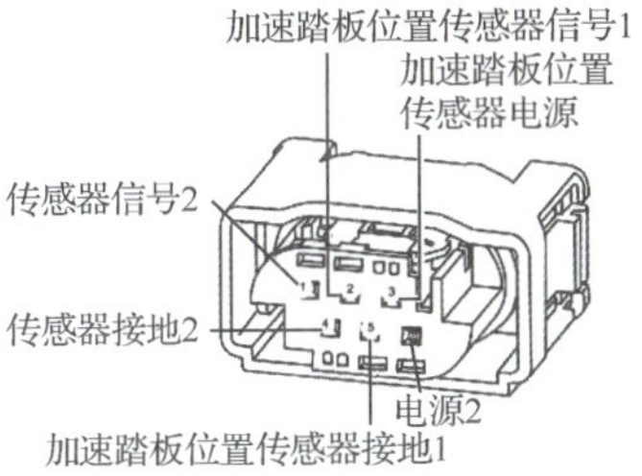 加速踏板位置传感器信号1 加速踏板位置传感器电源 传感器信号2 传感器接地2 电源 加速踏板位置传感器接地1		BD05-2	车身	上电	电压	0 V
				BD05-3	车身			
				BD05-5	车身			
整车控制器线束连接器	BD56	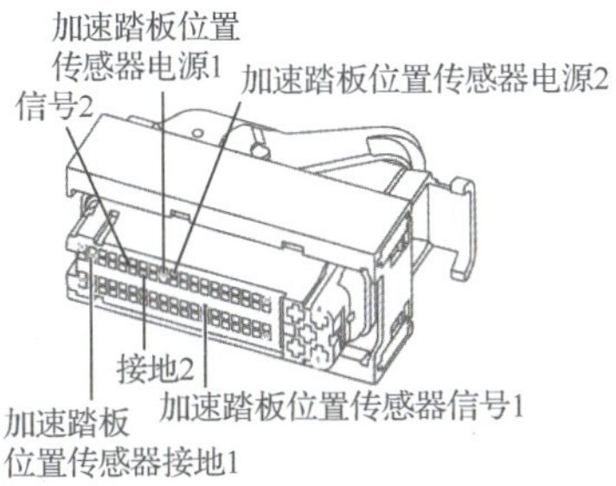 加速踏板位置传感器电源1 信号2 加速踏板位置传感器电源2 接地2 加速踏板位置传感器信号1 加速踏板位置传感器接地1		BD05-1	车身	上电	电压	0 V
				BD05-4	车身			
				BD05-6	车身			

9.3.4 检查制动踏板电气故障

1. 检查制动踏板开关

检查要点：执行车辆下电程序，断开制动踏板开关线束连接器。图 9-8 为制动踏板开关和整车控制器检修电路图，按照表 9-10 进行检测，如果不符合应测得结果，就更换制动踏板开关；如果测得结果正常，就需要检测制动踏板开关与整车控制器之间的电路情况。

表9-10　检测制动踏板开关

检查的零部件			万用表/表笔探测的两端子		检测条件	状态	应测得结果
连接器	代号	图示	红/黑表笔连接	黑/红表笔连接			
制动踏板开关线束连接器	BD06	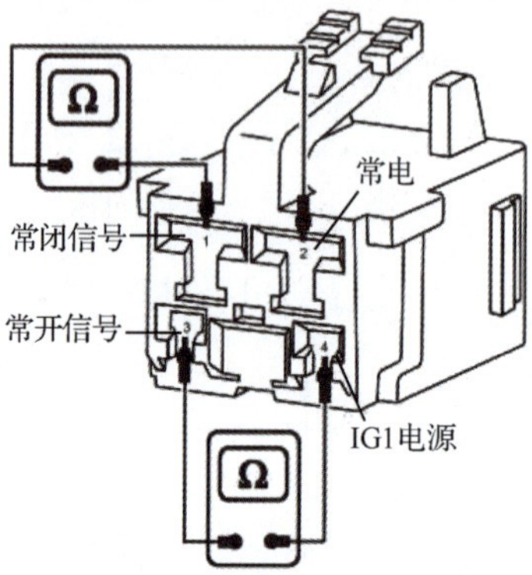	BD06-1	BD06-2	踩下制动踏板	电阻	<1Ω
			BD06-3	BD06-4	松开制动踏板	电阻	<1Ω

2. 检查制动踏板开关与整车控制器之间的电路

检查要点：执行车辆下电程序，断开制动踏板开关线束连接器和整车控制器线束连接器。按照表 9-11 和图 9-8 检测电路，如果不符合应测得结果，就应该维修或更换线束；如果线束正常，就需要按照表 9-12 检测制动踏板开关电路是否有短路情况。

表9-11　检测制动踏板开关与整车控制器之间的电路

检查的零部件			万用表/表笔探测的两端子		检测条件	状态	应测得结果
连接器	代号	图示	红/黑表笔连接	黑/红表笔连接			
制动踏板开关线束连接器	BD06	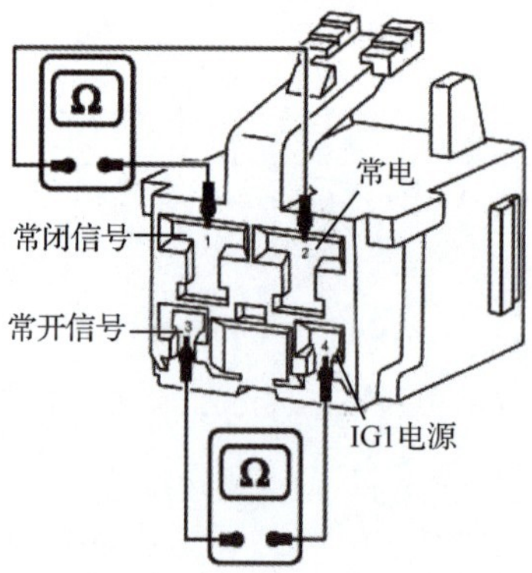	BD06-1	BD57-92	下电	电阻	<1Ω

续表

检查的零部件			万用表/表笔探测的两端子		检测条件	状态	应测得结果
连接器	代号	图示	红/黑表笔连接	黑/红表笔连接			
整车控制器线束连接器	BD57	制动开关信号1 制动开关信号2	BD06-3	BD57-85	下电	电阻	<1Ω

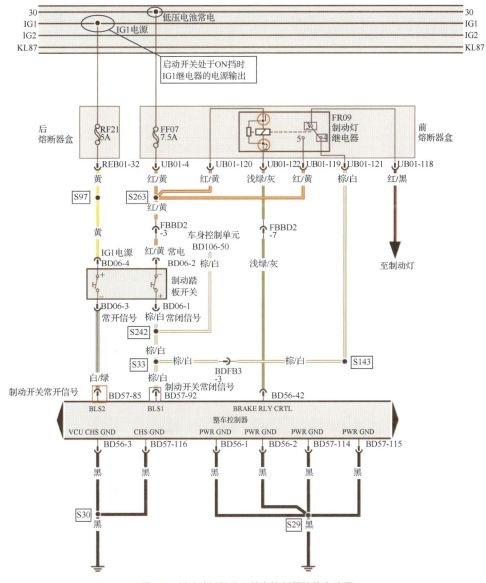

图9-8 制动踏板开关和整车控制器检修电路图

表9-12　检测制动踏板开关电路是否对地短路

检查的零部件			万用表/表笔探测的两端子		检测条件	状态	应测得结果
连接器	代号	图示	红表笔连接	黑表笔连接			
加速踏板位置传感器线束连接器	BD06	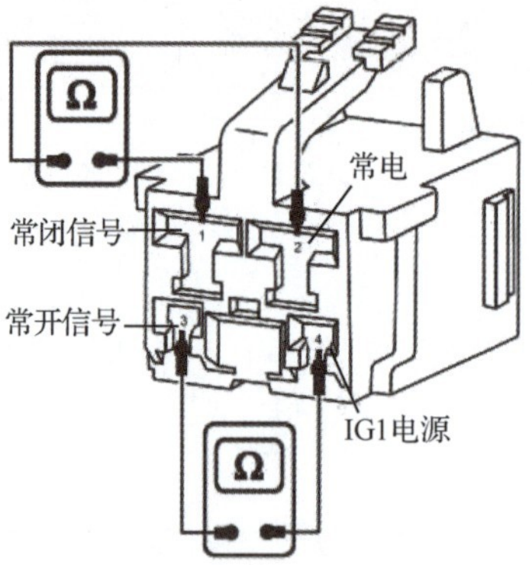 （图示）	BD06-1	车身	下电	电阻	≥10 kΩ
			BD06-3	车身			

3. 检查制动踏板开关电路是否对电源短路

检查要点：执行车辆下电程序，断开制动踏板开关线束连接器和整车控制器线束连接器，然后再执行车辆上电程序。按照表9-13和图9-8检查电路是否对电源正极短路；如果不符合应测得结果，那么维修或更换线束；如果线束正常，那么故障就出在整车控制器上。

表9-13　检测制动踏板开关电路是否对电源正极短路

检查的零部件			万用表/表笔探测的两端子		检测条件	状态	应测得结果
连接器	代号	图示	红表笔连接	黑表笔连接			
加速踏板位置传感器线束连接器	BD06	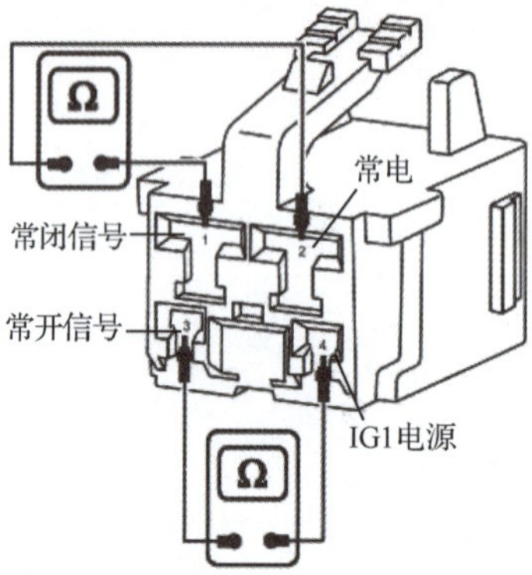 （图示）	BD06-1	车身	上电	电阻	0 V
			BD06-3	车身			

9.4　整车控制系统维修与操作

9.4.1　拆装整车控制器

1. 拆卸程序

（1）准备工作和拆卸外围部件。

整车控制器拆卸很简单，这里不过多讲解。更换整车控制器，需要先用诊断仪进行模块换件准备工作。

① 关闭所有用电器,将车辆下电。
② 断开低压电池负极极夹。
③ 如果整车控制器安装在座椅下边,需要拆卸坐垫。
(2)如图9-9所示,拆卸整车控制器。
① 断开整车控制器连接器。
② 旋出整车控制器固定螺母。
③ 取出整车控制器。

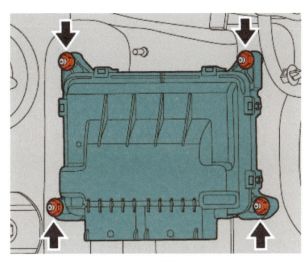

图9-9 拆卸整车控制器

2. 安装程序

安装程序以倒序进行,需要注意:如果更换了整车控制器,就需要进行整车控制器防盗认证。

9.4.2 拆卸加速踏板

按以下步骤拆卸加速踏板。
(1)准备工作和拆卸外围部件。
① 关闭所有用电器,将车辆下电。
② 断开低压电池负极极夹。
(2)如图9-10所示,拆卸加速踏板。
① 旋出加速踏板总成固定螺栓。
② 使用平头螺丝刀,按压并脱开固定卡扣,拆下加速踏板总成。
③ 断开连接插头,取出加速踏板总成。

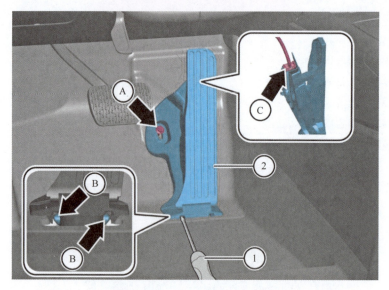

1- 螺丝刀；2- 加速踏板总成；A- 固定螺栓；B- 固定卡扣；C- 连接插头

图9-10 拆卸加速踏板

参考文献

[1] 肖成伟. 电动汽车工程手册 第四卷 动力蓄电池 [M]. 北京：机械工业出版社，2020.
[2] 韩雪涛. 电工技术自学宝典 [M]. 北京：电子工业出版社，2020.
[3] 周晓飞. 电动汽车维修快速入门一本通 [M]. 北京：化学工业出版社，2022.